好玩具
不一定是买的

80 个家庭创意自制手工游戏

李杏◎著

中国工人出版社

前言

距离上一本亲子游戏书《陪伴是最好的爱》出版已经 4 年了，每每回头翻看，都不禁感叹时间的流逝。

过去的几年，有一多半的时间都是停滞的，因为疫情我们不得不在家里和孩子们密集相处，但回头再看，也正是因为这停滞的两年，让我有了很多时间俯下身来，试着用孩子的视角去看她们眼中的世界，虽然身体上很累，但陪伴的时光，不仅丰富了她们，也滋养了我。

为了更顺利地度过一个个在家防疫的日子，我“重操旧业”，开始用自制游戏和玩具填补孩子们的无聊时光。在日复一日的磨合中，我发现那些我做了很多研究，精挑细选网购给孩子们的玩具，因为功能性单一，最终得不到很好的利用。更加吸引孩子们的，反而是后院捡的石头、树叶、废旧的瓶瓶罐罐，或者更多意想不到的游戏材料。她们总能发挥想象力，玩出各种花样来。那种来自天然的，对万物最真实的探索欲和想象力深深地打动着我，也为我带来了更多的灵感和创作冲动。

于是，棉棒、叉子、冰块、海绵、尺子、沙拉甩干器都被我变成了绘画工具。之前收集的干净纸盒、报纸以及纸筒通通被我拿出来进行大改造，帮助她们把脑袋里所有的天马行空，通过搭建和美育一一实现。自然掉落的树叶、被修剪掉的树枝、被风吹落的花瓣，也都经过我们的改造和装饰，变成有趣的故事。这些材料帮助我重构了看待事物的方式，也让孩子们惊呼：原来还可以这样玩！

色素不再只是为蛋糕上色的液体，我们还将它无数次地应用在了科学实验和艺术创作里；咖啡胶囊壳不再被丢入垃圾回收站，而是摇身一变，成为手工和美育道具，还被我们用来装饰家居用品；当玻璃刷水器被交到孩子们手上的那一刻，独一无二的艺术作品就诞生了。打破工具局限，打破游戏方式局限，生活里稀松平常的小物品便能提供无限可能性。

其实不管是买买买还是自制玩具，都只是一种理念或选择，我更想把一种思维模式和价值观传递给孩子，把“我想买新玩具”变成“我真的需要这么多吗”，把“这个东西没有用处了”转换成“等等，也许可以创作出一些新玩法”。

我特别理解忙碌了一天还要费心费力陪玩的那种挣扎，所以设计的游戏都很接地气，不需要烦琐的准备过程，所需材料简单，随手可得，存在于家中或者自然中的每一个角落，随时可执行，还能省下一大笔开销。只需要父母根据自己孩子的兴趣点，根据家中已有物品，在这本书中找到相应类型的游戏，稍加准备和布置，就可以实践了。

希望这本书能成为你们灵感的源泉和催化剂，让你在扔掉那些看似无用的材料之前，闪现出一点来自这本书的灵感，变废为宝，将资源物尽其用。

好的玩具，真的不一定是买来的，变废为宝的乐趣，你也可以拥有。

Chapter1

纸类大改造

纸张
Paper
新年福气多
9
新年红色彩带
10
百福图
11
13
秋日落叶
纸筒
Paper Roll
圣诞节的小麋鹿
纸筒木乃伊
形状小怪兽
19
17
15
33
好饿好饿的
毛毛虫
藏在手工绘画区
的收纳小秘籍 34

Chapter2
大自然的馈赠

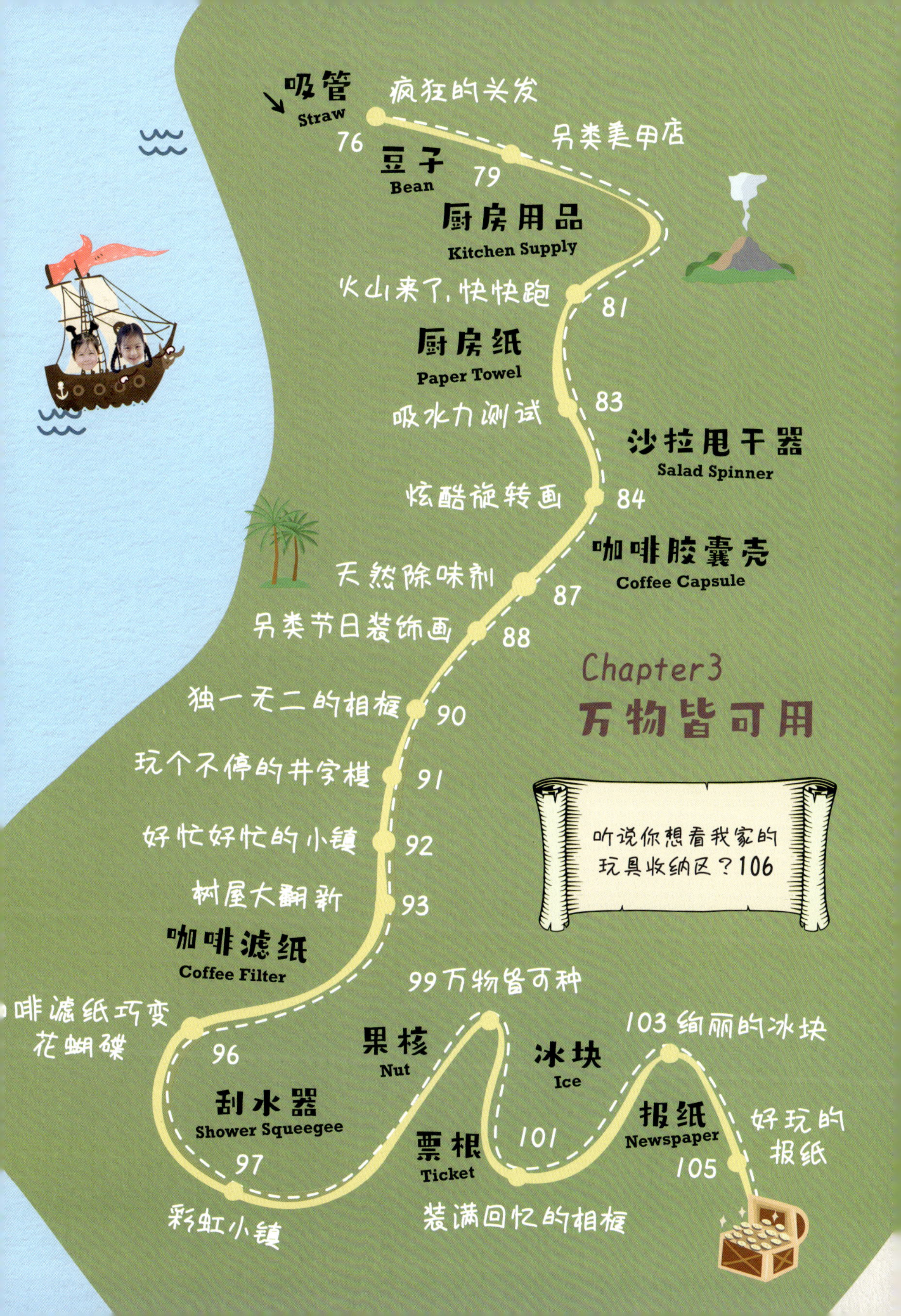

吸管
Straw
76
疯狂的头发
豆子
Bean
79
另类美甲店
厨房用品
Kitchen Supply
火山来了，快快跑
81
厨房纸
Paper Towel
吸水力测试
83
沙拉甩干器
Salad Spinner
炫酷旋转画
84
咖啡胶囊壳
Coffee Capsule
天然除味剂
87
另类节日装饰画
88
Chapter3
万物皆可用
独一无二的相框
90
玩个不停的井字棋
91
好忙好忙的小镇
92
树屋大翻新
93
听说你想看我家的
玩具收纳区？106
咖啡滤纸
Coffee Filter
啡滤纸巧变
花蝴碟
96
刮水器
Shower Squeegee
97
彩虹小镇
果核
Nut
99 万物皆可种
票根
Ticket
101
装满回忆的相框
冰块
Ice
103 绚丽的冰块
报纸
Newspaper
105
好玩的
报纸

Chapter4

食材的可持续

Chapter5

手工材料大变身

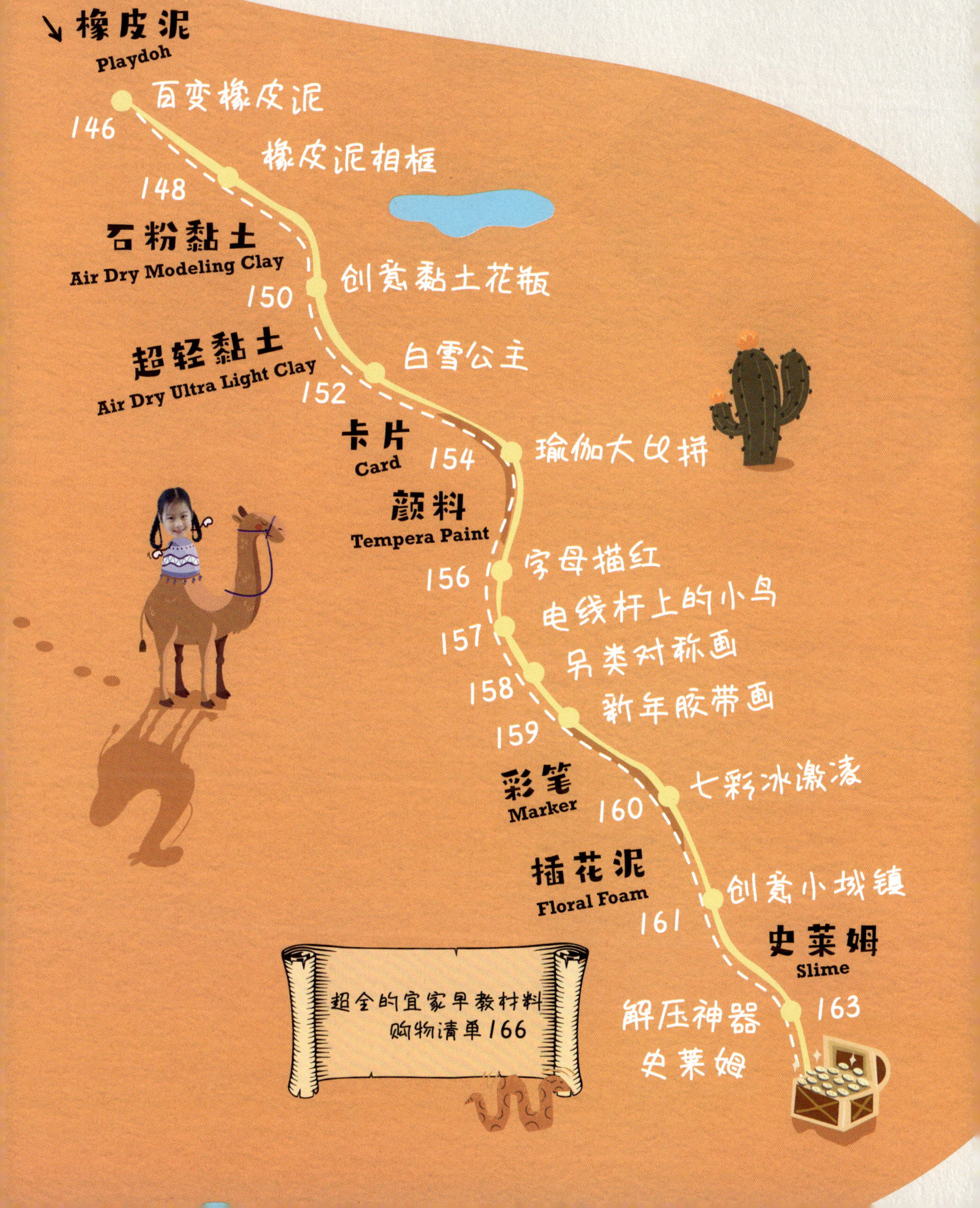

有没有人和我一样喜欢囤纸盒的？尤其是那种质量尚佳还很干净的，总觉得扔掉有些可惜，别着急，它们可是有“变废为宝”的价值的。

让纸类材料为你所用，为孩子们所用吧！设计、描画以及想象出各种不同的东西来，然后用纸类材料一一实现。从纸盘到教具，从纸筒到房子，从纸盒到小农场，从纸箱到角色扮演以及假想游戏，想象力有多天马行空，它们就能给我们带来多少惊喜。

Paper

Chapter 1

纸类大改造

Part 01 纸张

小小设计师

难度系数 ♥♥♥　参考年龄 **4** 岁以上

生活中很多现有的素材和媒介，稍加改变就能创造出很多新鲜玩法。

这次的主角，是每月一期免费被投放到邮箱中的儿童服装杂志。简单又有创意的手工，既做到了废品利用，又让爱剪纸、贴纸和爱做精细活动的孩子过了瘾，熟练了工具的使用。

材料

- 杂志
- 画笔
- 剪刀
- 胶水

步骤

① 收集几本儿童服装杂志，把上面的素材剪下来，厚厚一本，可用的还真不少。

② 对剪下的素材进行简单分类，比如短袖上衣、长袖上衣、短裙、连衣裙、裤子、鞋子等，每一种类放在一摞。

③ 准备工作已做好，就等孩子们尽情创作吧。麦麦看到这些东西，两眼放着金光，搓着小手跃跃欲试，还没坐定就进入了工作状态。

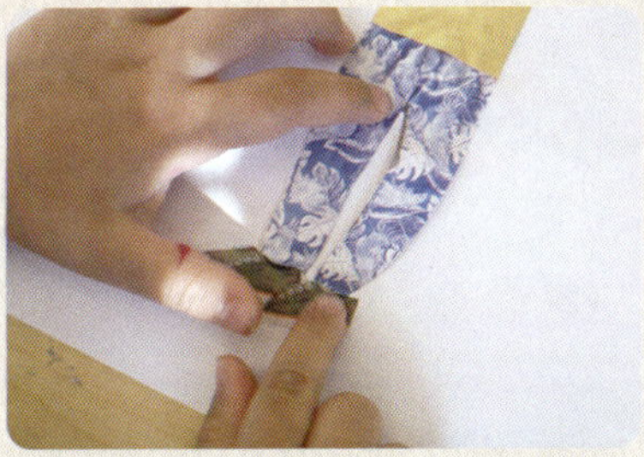

④ 她按照自己的喜好自由搭配，混搭的、撞色的、让人眼前一亮的或者“辣眼睛”的，玩得很投入。

⑤ 衣服搭配好了，她还给小朋友画上了四肢，画面一下子生动起来了。

6 麦麦看白纸上还有很多空间，拿笔顺手补充了很多细节，组成了完整的故事情节。

7 我们发现杂志里有很多印有大片草坪、花朵的内页，特别适合做背景图。

Tips 小贴士

和儿童服装杂志类似，成人版的服装杂志里也有丰富的资源库。设置一个服装搭配主题，让孩子们在已有的服装设计上，用手工材料对服装进行改造吧。给他们一些彩色亮片、贴纸、绒毛球、彩笔、羽毛、树叶、吸管、彩色宣纸、刻章等辅助工具，效果超乎想象。

室内设计初体验

难度系数 ♥♥♥ 参考年龄 5 岁以上

家里有家居杂志吗？千万别扔，也大有用处呢！将杂志中的各种家具，比如沙发、桌椅、橱柜等元素剪下来，再给孩子一个胶棒，鼓励他们将这些小元素重新组合排列，设计自己心目中的小窝。

材料

- 家居杂志
- 剪刀
- 胶水 / 胶棒
- 手工纸

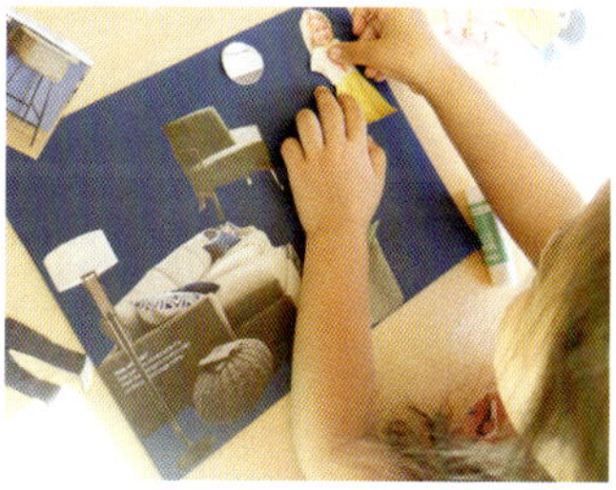

完成

步骤

麦麦按照自己的喜好，把喜欢的家具剪下来进行重新组合与排列，一个全新的客厅就设计好了。然而她盯着看了一会儿，表示不满意，可我觉得明明很不错啊，沙发、落地灯、绿植一应俱全。细问才知道，她想把椅子放在沙发的后面，而不是上面。

我恍然大悟，她想要的是一个立体空间，可以让家具的摆设有前后远近的错落感。不难，这就安排。

1 将一张长方形彩纸横向与竖向各对折一次，按左图方法剪一下，涂上胶水。左右两半纸粘好，再加上屋顶，一个简易小房子就做好了。

2 有了立体多维度小房子，错落有致地安排家具就再也不是难事了。这一次，麦麦设计了一个儿童房。她从家居杂志中找到了和姐妹俩房间特别相似的上下床，从服装杂志中剪下了两个与自己和妹妹气质相仿的人物图片。书架和绿植当然也不能少，硬装软装一应俱全。

是不是没有想到，一本普通杂志也可以有这么多用处。游戏虽简单，却是各种材料与剪纸创意的组合，也是从认识颜色到组合形状的感官体会，真是太有意思了！

Part 03 纸张

新年灯笼

难度系数 ♥♥ 参考年龄 4 岁以上

灯笼与中国人的生活息息相关，大到过年过节的庙宇中、小到自家门前客厅里，处处都有它的身影。人们喜欢挂起象征团圆意义的红灯笼，来营造一种喜庆的氛围。红红的灯笼不仅象征着阖家团圆、事业兴旺，还寓意着幸福、光明、活力、圆满与富贵。

带孩子一起做春节红灯笼吧，不仅能了解中华文化，也是一个促进亲子互动、增进家人之间感情的好机会。

材料

- 红色、黄色手工纸
- 剪刀
- 胶水
- LED蜡烛

步骤

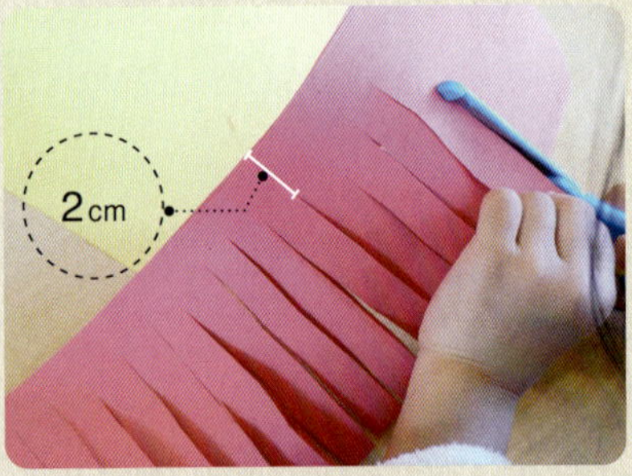

①将红色手工纸对折，在离边缘2cm 的地方画一条线，然后将线的下方剪成平行的条状。

②打开红色手工纸，将其两侧涂抹胶水，粘成灯笼的形状。

③为灯笼上下两头粘上黄色的金边作为装饰。

④再剪一个红色纸条作为“提手”，一个超简单的手提灯笼就做好了。放一盏LED 蜡烛在灯笼中，在夜晚点亮，更有节日气氛。

新年福气多

难度系数 ♥♥♥ 参考年龄 4 岁以上

材料

- 红色手工纸 / 红色宣纸
- 颜料 / 墨水
- 毛笔 / 笔刷

帮助孩子体验新春气氛，教他们用毛笔学习写春联，把福气带回家吧。

在红纸上用铅笔写出“福” 字的轮廓，让孩子们蘸取黑色颜料来描红，等颜料干透，贴在门或者玻璃上。姐妹俩看着自己亲手写的福字，自豪满满。一个字写不过瘾，还可以试着写春联。

Part 05 纸张

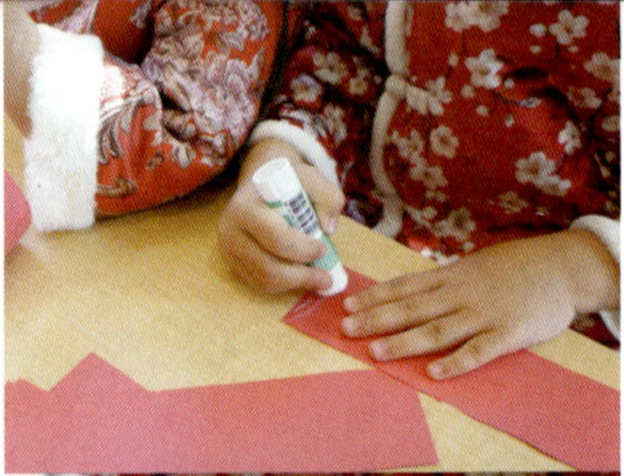

新年红色彩带

难度系数 ♥♥　参考年龄 **4** 岁以上

材料

- 红色手工纸
- 剪刀
- 胶水

春节装饰都以红色为主，有了之前做的红色灯笼，再做些红色彩带吧。

将红色彩纸剪成一条条约 5cm 的长条，再将长条首尾粘在一起卷成一个环，一个套一个串成一串，一条红色新年彩带就做好了。做成不同的长度，挂在门框上或者作为装饰摆在书桌上，让家里的每个角落都变得喜气洋洋。

Tips 小贴士

任选几张彩色手工纸剪成长条，将长条彩纸首尾粘在一起，做法和新年红色彩带非常相似。再添上头部和尾巴，一条活灵活现，全身都能动的小蛇就做好了。

Part 06
纸张

百福图

难度系数 ♥♥♥♥ 参考年龄 **6** 岁以上

在中国人心中，“福”自古以来都是吉祥之字，是人们祝吉的绝妙佳词，寄托了人们对幸福生活的向往，也表达了对美好未来的祝愿。

“福”字的写法，从商周到近代，从起源到演变，各种字体层出不穷，形态各有千秋。

借着新春佳节之际，我向孩子们提议做一幅“百福图”摆在家中，带她们一起感受汉字文化的魅力和历史文化的演变。

材料

- 油画板 / 油画布
- 白色硬纸板
- 红黄两色丙烯颜料
- 颜料刷
- 铅笔
- 尺子
- 布胶带 / 美纹纸

步骤

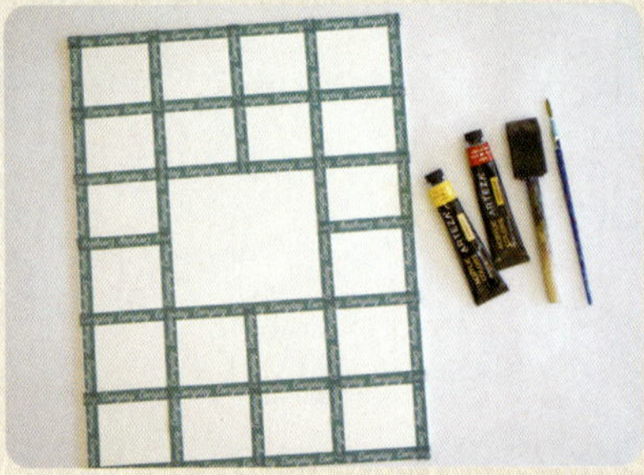

1 根据所要书写的福字数量，用铅笔和尺子量好每个格子的距离，贴上 1cm 左右宽度的布胶带或美纹纸。

2 将红色丙烯颜料均匀地涂在油画板或者油画布上，耐心等待颜料晾干。

3 等颜料完全干后，就是快乐解压的撕胶带环节了。

4 孩子们对于各种字体福字的笔画顺序一知半解，为了稳妥起见，我先用铅笔替她们打好草稿，她们只需要用细头颜料刷，搭配黄色丙烯颜料（或者金色油漆笔）直接描画就可以了，笔顺不作特别要求。

春节期间制作一幅百福图摆在家中做装饰，特别应景。所求皆如愿，所行皆坦途，多喜乐，常安宁，把对亲朋好友的爱化作浓浓祝福写进其中吧。

Part 07 纸张

秋日落叶

难度系数 ♥♥♥♥ 参考年龄 **5** 岁以上

手工制作一棵在秋风中依然热烈如火的枫树，虽然没有真树的灵动，但也乐趣无穷，这里的秋叶永不凋零。

材料

- 牛皮纸 / 牛皮纸袋
- 宣纸（红、橙、黄）
- 剪刀
- 胶水
- 小刷子
- 纸板 / 纸盒

步骤

1 将所有材料放入托盘中，方便游戏过程中拿取，减少混乱。

2 从牛皮纸袋的开口处开始剪，剪成一条条 1cm 左右的长条，剪至整个纸袋的 1/4 处即可。

3 将牛皮纸袋的底部用胶水固定在纸板或者纸盒上，将纸袋的下半部分扭成类似于树干的形状，并用透明胶带稍作固定。这样，树干树枝的形象就基本成型了。

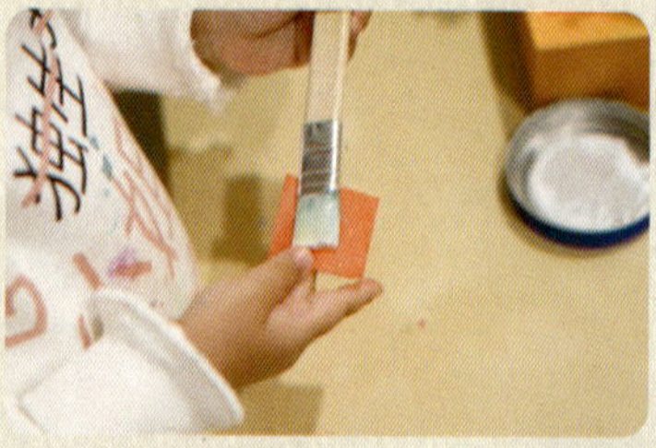

4 将“树枝”按照一个方向扭转，直至扭成坚硬弯曲的细条状。

5 在红、黄、橙色宣纸上涂抹胶水，并将涂好胶水的宣纸粘在“树枝”上，营造出满目红叶的秋景。

6 想要增加更加逼真的视觉效果，不如用真正的落叶来替代彩色宣纸，大自然就是最佳的素材库。

Part 08
纸筒

形状小怪兽

难度系数 ♥♥　参考年龄 **4** 岁以上

卫生纸纸筒是我的“私人废品回收站”里的常备材料，它零成本，可塑性还强，稍加利用还能变成不错的早教材料。

用卫生纸纸筒做几只形状小怪兽吧，数学、艺术启蒙两不误。

材料

- 卫生纸纸筒
- 剪刀
- 颜料
- 白色绘画纸
- 彩笔

步骤

收集卫生纸筒，捏出几种常见的几何图形。

用纸筒蘸取颜料，像印刻章一样把图形印到纸上。学习几何图形和三维形状物体，了解平面与三维立体的关系。

拓印形状完毕，我们给每个几何形状画上了嘴巴，贴上了溜溜眼，一只只形状小怪兽跃然纸上，整个画面立刻生动起来了。

完成

Part
09
纸筒

纸筒木乃伊

难度系数 ♥♥♥ 参考年龄 **5** 岁以上

西方的万圣节是个充满怪诞、梦幻与天马行空的节日，在这天，孩子们可以充分释放自己内心的“小恶魔”，穿着各种稀奇古怪的衣服，光明正大地挨家挨户敲开门，大喊一句“Trick or Treat” 讨糖吃。

为了增加节日气氛，万圣节手工也少不了，卫生纸纸筒摇身一变木乃伊，好玩又应景。

材料

- 卫生纸纸筒
- 剪刀
- 黑色笔
- 卫生纸
- 胶水 / 胶棒

步骤

1 找来不用的卫生纸纸筒，用黑笔涂色来表现木乃伊腐烂发黑的身体。

2 贴上溜溜眼，在卫生纸纸筒上刷上胶水，瞬间生动了很多。

3 将卫生纸撕成细条，一层一层缠绕在纸筒上，用胶水粘好，纸筒木乃伊就做好了，摆在家里当装饰很是应景。

Part 10 纸筒

圣诞节的小麋鹿

难度系数 ♥♥♥ 参考年龄 5 岁以上

做一只可爱的小麋鹿，只需要几张彩纸和小朋友的一双可爱小手。在纸上画好手的轮廓，剪下来就是麋鹿的鹿角啦，同样的办法再做一次，两边各一只角。再用溜溜眼、小亮片、纽扣装饰起来，谁会嫌弃这头歪鼻子斜眼的小麋鹿呢？

材料

- 卫生纸纸筒
- 彩纸
- 彩笔
- 剪刀
- 纽扣、溜溜眼等
- 胶水

Part 11 纸筒

神奇树屋

难度系数 ♥♥♥♥♥ 参考年龄 7 岁以上

皮特猫系列绘本是孩子们翻看频率比较高的套书之一。其中有一本叫作《好大好大的大树屋》。在这本书里，皮特盖了一间树屋，最初的树屋只有小小一间房，经过他和小伙伴们的通力合作，将其扩建成了一个超级豪华的多功能版本，有公园、游戏室、保龄球馆，功能齐全，应有尽有。

麦麦对这样的树屋很是向往，市面上找不到满意的树屋玩具，于是我搜集身边的现有材料自制了一个简易版本，天然又环保，结实又美观。

材料

- 卫生纸纸筒
- 木板
- 树枝
- 热熔胶枪
- 剪刀
- 刻刀
- 玩具小人

步骤

材料非常简单，除了剪刀和热熔胶枪，其余所能看到的，就是需要用到的。卫生纸纸筒是厕纸用完后的纸芯，纸板来自某一个快递盒子，用来做楼梯的树枝就是散步时随手捡的。

先找一块比较厚实的纸板做地基，再把纸筒卷成柱子状，根据需要，剪出大小合适的纸板一层一层往上累加即可，想要几层就做几层。

整座树屋一共分了左右两栋，每一栋都有两层，不管是从一楼到二楼，还是从这一栋到那一栋，都能走得通。

二楼装了一个秋千，想要玩吗？那要排队才行。别以为它只是摆设，它真能动起来，秋千座椅有围栏，而且是加高的，甩都甩不出去。

顶层是赏景区，露空的小吊桥轻松连接两栋小楼，来去畅通无阻。为了安全起见，用切成小块的纸板和绳子做了一个防护栏。

下雨了可以躲进“观雨亭”，不过亭子有点小，一次就只能容纳一个人，顶楼的人只能忍受“冷冷的冰雨在脸上胡乱地拍”了。

只要发挥想象力，大胆构思和创意，哪怕是家长帮忙完成，都一样有意义。

Part
12
纸筒

汉字小刻章

难度系数 ♥♥　参考年龄 **5** 岁以上

将废旧卫生纸纸筒通过折叠或者裁剪，做成和汉字相关形象的刻章，比如学习“心”这个字时，我把纸筒捏成心的形状，蘸取红色颜料当刻章一样印在写好的心字上；学习汉字“太阳”时，我把纸筒底部剪成一条条散开的形状作为工具，把一个个像太阳一样发光的印章刻在汉字太阳上。

在给汉字刻章的时候，就是潜移默化对字形进行反复记忆，并进行有效联想，同时也锻炼了图形、文字与颜色的配对，以及精细能力和专注力，一举多得。

材料

- 卫生纸纸筒
- 纸张
- 颜料

Part
13
纸盘

一个简单的自制玩具，可以帮助孩子利用小球滚动的轨迹，学习搭建与架构，感受最基本的地心引力原理。

小球冲啊冲

难度系数 ♥♥♥ 参考年龄 5 岁以上

说来也奇怪，这个玩具并没有什么奇特的造型，却格外吸睛，每个来过我家游戏房的小伙伴，10个里面有 7 个都是向这个玩具直奔而去。既然这么受欢迎，我就来为你们还原简易版“Marble Run”滚珠大转盘的制作吧。

材料

- 边沿较深的纸盘（数量可根据高度而定）
- 白色长纸筒
- 热熔胶枪
- 胶带
- 刻刀
- 剪刀
- 纸壳托盘
- 玻璃球

Tips 小贴士

需要特别注意的是，玻璃球有误食的危险，不能提供给还没有度过口欲期的宝宝玩。

玻璃球的大小和轻重与滚动快慢有什么关系？盘子的多少和玻璃球滚动快慢又有什么关系呢？不同材质的球滚动速度会有什么不同吗？这些开放式的问题，就留给孩子们慢慢探索去吧！

步骤

①

将纸筒的一端垂直放于盘子上，在纸盘上描出图形，用剪刀将其剪下来。找一个比较硬的长纸筒，用热熔胶枪将纸筒固定在有边沿的纸盒盒盖上，这样既美观，又可以将旋转下来的玻璃球收纳其中。

②

接下来这一步非常重要，可以说直接决定着小球能否顺利沿着轨道转动而不会在中途飞出去。在第一次尝试中，我很随意地将白色长纸筒分成了几等份，并没有考虑相邻两个盘子之间的距离。都固定好了以后才发现盘子之间距离太大，玻璃球总是在旋转过程中飞出来，不得不返工。后来经过尝试，我发现两刻度之间相差 3~3.2cm 为最佳距离。

③

将之前切割好的盘子用胶带首尾相接粘好，再从顶部开始，用热熔胶枪将盘子一圈圈固定在已经画好刻度的白色长纸筒上。

④

快去找一把玻璃球测试一下效果，让小球转起来吧！

麦麦喜欢逐个放玻璃球，观察每一个玻璃球从上到下的滚动轨迹。我呢，则喜欢一放放一大把，看着一大堆小球噼里啪啦你追我赶的样子，听着它们丁零当啷碰撞的声音，真是太治愈了，很是解压。

Part
14
纸盘

圣诞手掌花环

难度系数 ♥♥♥　参考年龄 **4** 岁以上

我们中国人过年，除了办年货，还要在门口挂春联，贴窗花，用装饰品增添喜庆的节日氛围。

西方圣诞节也有类似的装饰习俗，只不过是用冬青或者槲寄生树枝编成花环挂在门上。西方人赋予了很多传统宗教意义在里面，演变到现在，更多地成了一种装饰和习惯。

今年我和孩子们做了一个简易版的圣诞花环。姐妹俩一做就是半个多小时，特别投入。虽然桌上一片狼藉，但过程中两人乐此不疲，很是尽兴。

材料

- 彩色手工纸
- 剪刀
- 胶水
- 纸盘
- 亮粉、贴纸、亮片等手工材料

步骤

1. 请小朋友在纸上描出手掌轮廓，根据花环大小，画10~15个。将圆形纸盘中间部分用刻刀挖空，只留下外围圆环的部分。

2. 以上的准备工作做好后，用剪刀将手掌轮廓剪下，依次粘在纸盘上。

3. 粘好后用亮粉、贴纸、亮片等手工材料做装饰。

4. 这不，一个手掌圣诞花环就做好了，大小不一的手掌圣诞花环挂在门上，特别有节日氛围。

Part 15 纸盒

牛奶盒大变身

难度系数 ♥♥　参考年龄 5 岁以上

绘画创作不应该只局限于平面，绘画工具、绘画媒介也应该是多变的。喝完不用的牛奶盒或者类似形状的小盒子都是很好的创作素材，四四方方带着一个烟囱，妥妥一座挑高独栋小别墅。

材料

- 空的牛奶盒
- 手工刀
- 白色丙烯、彩色水粉颜料
- 颜料刷
- 胶水
- 彩笔
- 彩纸
- 玩具小人

步骤

1. 将喝空的牛奶盒洗净晾干，涂上白色丙烯颜料遮盖住纸盒原有颜色，为下一步房子刷漆做准备。这一步其实可以由孩子独立完成，但是白色颜料完全干透需要时间，为了保证游戏的连贯性，也可以由家长提前一天完成。

2. 等表面的白色丙烯颜料都晾干后，用刻刀在盒子侧边刻出门窗。

3. 用彩纸剪一些正方形，和彩笔一起放在桌旁，为之后画窗户做准备。

4. 麦麦化身小小粉刷匠，为房子刷上了自己喜欢的颜色。刷完后，她用彩色纸片制作了窗户。

5. 贴完窗户后，麦麦发现有些隐秘角落还没有刷上漆，于是开始二次加工进行善后工作。

大功告成，牛奶纸盒摇身一变成了风格独特的大房子！不知道她会邀请谁当第一批住客呢？

Part
16
纸盒

数学教具

难度系数 ♥♥　参考年龄 **5** 岁以上

材料

- 纸质鸡蛋盒
- 手工刀
- 颜料／彩笔
- 颜料刷
- 手工专用冰棒棍

用酒精喷雾将鸡蛋盒消毒、涂色、扎孔，在上面写上字母，再将冰棒棍也涂上颜色并标好字母，一个多功能英文字母、颜色配对教具就做好了。既可以当作简单的插孔玩具，又可以锻炼手指精细能力和手眼协调能力。

Part 17 纸盒

跑个不停的纸盒火车

难度系数 ♥♥♥　参考年龄 5 岁以上

用绳子将一个个盒子首尾相连，装饰一番，不能遮阳不能挡雨，但载客率极高的敞篷火车就做好了。姐妹俩一人一根绳，兴致勃勃争做人力车夫和列车员，甚至还把毛绒动物放在不同的站点，火车停站后，等待每一位顾客上车，细心为它们安排每一节“车厢”的座位。

材料

- 干净鞋盒/纸盒
- 手工纸
- 胶水
- 剪刀
- 毛绒玩具
- 彩带

Tips 小贴士

鞋盒农场

难度系数 ♥♥ 参考年龄 4 岁以上

材料

- 干净鞋盒
- 刻刀
- 纸条
- 玩具动物

喜欢玩假想类游戏的宝宝还可以试试这个游戏，用一个盒子就能演绎一段有趣的故事。

找来废旧鞋盒，用刻刀在四周刻出镂空的窗户，放入玩具小动物和细纸条做成的稻草，再搭配一些积木，一个小农场就做好了，每个小动物都有自己的小隔间。

剩下的就交给孩子们吧，看他们如何化身农场主，照顾小动物们的起居以及安排住处。

Part 18
纸盒

好饿好饿的毛毛虫

难度系数 ♥♥♥ 参考年龄 4 岁以上

材料

- 纸质鸡蛋盒
- 颜料
- 绘本
- 打孔机
- 手工彩纸

《好饿的毛毛虫》是姐妹俩小时候极喜欢翻看的绘本之一，受绘本启发，我们用鸡蛋盒做了一个三维立体可以全身扭动的毛毛虫。

将鸡蛋盒一个个剪开，在边沿打孔，用绳子串起来。麦麦负责用颜料为毛毛虫的身体和头部涂上相应的颜色，剪出眼睛、触角等细节并用胶棒粘好，一只活灵活现的毛毛虫就做好了。

这个游戏不仅锻炼孩子对颜色的认知，还能用于其他绘本，以及其他情景来做语言训练，一举多得。

| 特集 |

1 收纳整理

Craft Room Organization

藏在手工绘画区的收纳小秘籍

新家的副客厅，刚好有面大白墙，用来做书墙真是再合适不过了。麦麦已经到了任何玩具都不会影响她看书的年龄，我就索性整合一下，把以前特意分开的图书区和游戏区合并在了一起，最大限度还原图书区和手工绘画区的布置与功能，并在此基础上根据现状做了调整。

我一直觉得手工绘画区的规划，是需要以孩子的视角和需要为主导的。一个合理的收纳系统，同时也能帮助孩子自主学习、自主游戏。足够美好而且完备的环境，可以吸引她们对自由的探索，让她们不被材料限制，玩得尽兴。

1 图书区
2 材料区
3 手工绘画区

No | 01

材料区收纳

我们母女三人因为爱做手工经常画画，所以家里的相关材料特别多。我在桌子背后的柜子上专门辟出了一小块区域来收纳材料和工具，孩子们在桌边“工作”时，转身就能拿到想要的材料。

只要被我放在外面的材料，我就默认她们不会乱扔、乱吃、乱拿，高度是姐妹俩触手可及的，她们可以自给自足，我给她们随意使用材料的自由和权利。

过程中的杂乱我会逼自己忍受，孩子们把材料撒满桌面和地面我也是可以装作看不见的，反正只要最后能一起再收拾起来就可以了。

那些我实在不能接受她俩挥霍的材料，比如手工用到的亮粉、一扭盖子就开的液体水粉颜料等，早早就被我放到了其他储存空间，需要用时我会亲自去拿来。

双层抽拉篮是我在商店的卫浴用品收纳区发现的，我用它来放各种手工常用工具以及小零部件。

名称
双层抽拉篮

名称

可叠放式收纳盒

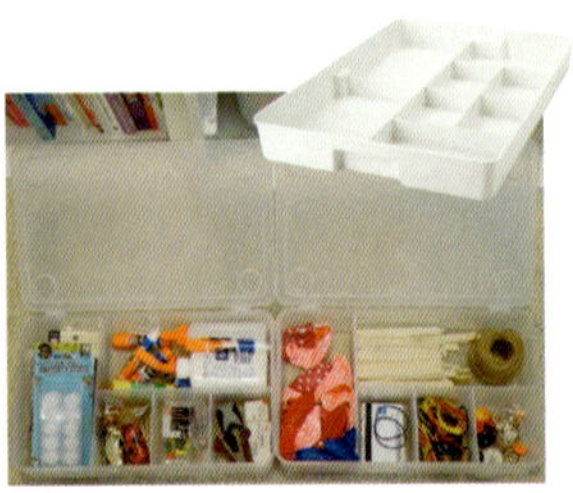

名称

分格收纳盒

名称

收纳柜

抽拉篮的第一层放胶水、剪刀这种使用频率超高的工具。第二层放的是一些用得最频繁的零碎手工材料，比如溜溜眼、纽扣、绒毛球、木棍等。

在这里，玻璃的瓶瓶罐罐特别好用。把每一种类的材料放在一个瓶子里，一目了然。需要的时候，将整个罐子拿到桌上用。

旁边的收纳盒同样分门别类放了各种工具以及材料，比如刻章、热熔胶枪、胶带、吸铁石字母等，我把它们摆在一起，贴上标签。

有些手工材料过于零碎，不好收纳，分格小收纳盒就派上了用场。盖子一盖，方便拿取也方便收纳。

一些数量比较多，又占地方的手工材料，我会用收纳柜来收纳，比如橡皮泥、织布、海量贴纸、空白卡片等。

我们经常在手工游戏中加入模拟和搭建游戏，所以这个收纳柜的其他几个抽屉，我会收纳一些开放类玩具，比如厨房玩具、迷你版家居摆设类玩具、小车等。收纳柜离桌子近，拿到了玩具很自然就放到桌子上去玩了。

No | 02

手工绘画区收纳

手工材料多，绘画材料更多，更需要好好收纳。延续了“同类物品收纳在一起”的原则，所有的笔类放在一起、纸类放在一起、颜料放在一起，方便拿取使用，更方便归类收拾。

桌子上常年放着一个笔筒，里面放常用的铅笔和彩笔，随手可得。还有更多种类和数量的铅笔、彩笔、油笔、蜡笔，我把它们放在了桌子后面开放式柜敞开的盒子里。

用笔的时候麦麦一转身就能在盒子里拿到，或者直接将一整个盒子都搬到桌子上用。笔的收纳其实不用太细致，网上有把画笔按照颜色由深到浅收纳的方法，虽是治愈，但过于理想化，有孩子的都知道，分得越细致，收拾起来越麻烦。

按同样的理念，所有的画纸或者手工纸（宣纸、卡纸、打印纸、拷贝纸等）也一并放在一个篮子里。有时候做完手工的彩纸有剩余，丢了其实很可惜，所以我就准备了一个单独容器，把这些手工边角料放进去。比如右图中的小房子，全都是用边角料做成的。

No | 03

手工作品收纳

我家姐姐是个特别喜欢“攒”东西的人，画的画、做的手工都不要我丢，要一直留着。有几次我没经过她同意扔了她的手工，她在垃圾桶里发现后碎碎念了半天。作品越来越多，收纳成了问题。

以前家里游戏房有两面白墙，我就把它们当作作品展示区。后来搬了新家，没有了这种大面墙用来展览，而且游戏房东西已经很多了，要想视觉上清爽，墙上就要尽量保持干净。所以手工作品我不再往墙上贴，觉得好的，我就摆在柜子上展览。不想摆出来的就塞进文件夹里按照年份标好，满了就从里面筛一些一般的扔掉。

No | 04

其他手工材料收纳

很多手工原材料来自废旧物品的再利用，比如硬纸板、纸筒、鸡蛋纸盒、瓶盖等，这些东西被我放在了单独的储物间里。但是因为空间有限，我也不会无休止地回收废旧物品，一般都是提醒自己用完一批再收集下一批。

这就是我们家手工区绘画区的收纳与布置，姐妹俩每天都在这个区域活动、学习、做手工、画画，为了抢椅子、抢胶水吵架。

到目前为止，这个收纳系统依旧好用。她们以前找东西只知道喊妈妈，现在连妹妹都知道工具在哪儿。很多时候，她俩可以自主地游戏，尤其是姐姐，需要什么玩具、材料、工具，都知道去哪里找。

虽然她俩经常会把这个区域弄得一团糟，桌上地上一片狼藉，而且也经常忘记收拾。但只要收拾，她们就知道什么东西该放哪儿，每一件东西都可以物归原处。

每个孩子的需要和爱好都不一样，有的就是不爱做手工、不爱画画，但喜欢搭乐高或者玩拼图。可以确定的是，有一个固定的收纳系统，孩子的常用物品都可以得到很好的分类。物归原处的概念一定会日积月累地在他们心中生根发芽，最后不知不觉地将这个习惯变成生活中的一部分。

大自然有着彩虹般的色彩，它是有生命，有呼吸，不断变化的。自然世界为我们的生活提供了无尽的艺术灵感。当观察每朵花的形状、抚摸每片树叶的纹理时，儿童与自然有了最为真实的连接。去寻宝吧，稍加改造和装饰，就能把一根根枯掉的树枝变成有趣的故事。

在它们腐烂之前，用孩子们充满魔力的小手，赋予这些植物新的生命，感受来自大自然的美与馈赠。

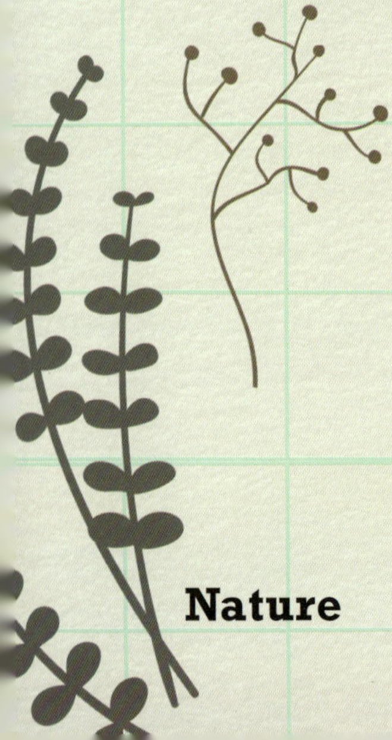

Nature

Chapter 2

大自然的馈赠

Part 19

花瓣

春天的发饰

难度系数 ♥♥ 参考年龄 5 岁以上

材料

- 花瓣
- 青草等植物
- 手工纸
- 画笔
- 胶水

我们在家门口的地上收集了一些树上掉落的花瓣，用胶水粘在画好的肖像画上，单调的人脸肖像画因为有了花瓣而立刻生动了起来。

这是一个无论在旅途中还是在家中都可以玩的艺术启蒙类游戏，既能体会到自然之美，还能开拓思维，激发想象力。

Part

20

花瓣

美丽的纸盘窗花

难度系数 ♥♥ 参考年龄 5 岁以上

我们趁着花瓶里的鲜花枯萎之前，将其中一些摘下来，制作成好看的纸盘窗花标本。做好之后将其悬挂在窗户上，阳光透过黏纸，花瓣每一个细小的纹路都被照得那么清晰，美丽无比。

材料

- 花瓣
- 纸盘
- 透明黏纸
- 刻刀

步骤

1. 用刻刀将纸盘中间挖空，做成一个空心圆环。

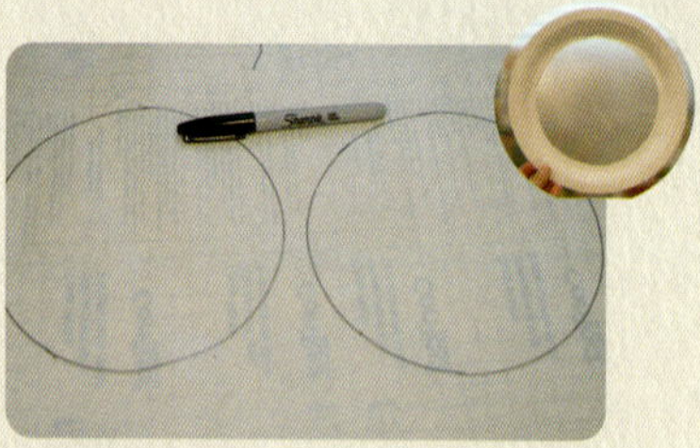

2. 取两片透明黏纸，先用其中一片，将有黏性的一面贴在纸盘上。

3. 将花瓣摆在盘子中，花瓣会粘在黏纸上。

4. 将另一片黏纸从正面贴在纸盘上，最后呈现的效果就是两片黏纸将玫瑰花瓣粘在中间。

5. 艺术源于生活，很多不起眼的事物都能成为艺术创作的灵感，从日常生活入手，也可以创造出让人眼前一亮的作品。

Part
21
树叶

好酷的狮子

难度系数 ♥♥♥♥ 参考年龄 5 岁以上

材料

大自然是最慷慨的资源库，而落叶是其中极为丰富的材料之一，取之不尽，用之不竭，一年四季风格各不相同。一起捡树叶，做贴画吧，大自然就这样被写进生活的创意里。

画出狮子的脸，沿着其外圈贴上双面胶或者涂上一层胶水，将树叶沿着一圈胶水粘上去，一头栩栩如生的小狮子就做好了，或威武凶猛或憨态可掬，太有意思了。

- 树叶
- 硬纸板
- 胶水
- 水彩笔
- 手工材料

带孩子们走进自然，将花园里草地上落下的花朵、树叶等自然材料收集起来，制作一顶独一无二的树叶皇冠吧，环保又贴近自然，既是大自然馈赠的感官游戏，又是锻炼手部精细运动以及培养艺术美感的好机会。

树叶皇冠

难度系数 ♥♥ 参考年龄 5岁以上

材料

- 树叶
- 手工纸
- 订书机
- 手工材料

帮孩子量好头围大小，将纸条绕起来做成头箍，再将擦干净的树叶用订书机一片一片订在头箍上，最后按照孩子们自己的喜好装饰起来。

过程虽然简单，但树叶带给孩子的想象空间以及订书机的使用，绝对能为他们带来不一样的体验，把秋叶之美存留，就是这么简单。

Part
23
树叶

落叶拓印

难度系数 ♥♥ 参考年龄 **4** 岁以上

材料

- 树叶
- 胶带
- 手工纸
- 蜡笔

秋叶拓印画是个很经典的游戏了，材料是现成的，路边一捡一大把。把叶子反面朝上，用透明胶带将叶子边角粘好，固定在纸上，然后把纸反过来。鼓励孩子用蜡笔在有树叶的位置摩擦，落叶叶脉的纹路就会像变魔术一样显现在纸上了。

落叶识汉字

难度系数 ♥♥♥ 参考年龄 6岁以上

拓印游戏中用过的叶子别急着扔掉，只需要一两分钟，一个形状配对以及汉字学习游戏就做好了。

把汉字的形和对应的实物相结合，在玩中学，用这种方法将字形、字义与“叶”字形象相结合，潜移默化中认识汉字。

材料

- 手工纸
- 树叶
- 彩笔 / 蜡笔

Part 25 树叶

飞舞的落叶

难度系数 ♥♥ 参考年龄 4 岁以上

材料

- 树叶
- 照片
- 胶水

美好的秋天，连落叶都是彩色的。满地的落叶对于孩子来说就是宝藏，真想把这些生动的画面和孩子们眼中的秋天定格下来。

放学回家路上我们一起捡了好多树叶，又找出两张应景照片，姐妹俩便和这漫天斑斓的落叶自然地融为一体了。

Part 26 树叶

五彩斑斓的海底世界

难度系数 ♥♥♥♥ 参考年龄 5 岁以上

材料

- 水渍刮刷
- 丙烯颜料
- 加厚绘画纸
- 树叶
- 胶水

自从解锁了水渍刮刷的美术手工属性，它的利用率大大提高，效果比它的“本职工作” 还出彩，再搭配上院子里随手捡的落叶、丙烯颜料、溜溜眼，简直把物尽其用这个概念完美地应用在了我们的家庭艺术互动课堂中。

步骤

① 首先，把颜料挤在纸上。姐妹俩逮住了用颜料的机会，每一种颜色都挨个挤了一遍，家里突然变得好安静，只有桌前两人忙碌的小身影。

② 使用刮刷的过程很治愈也很解压，很多颜色因为挤压而叠加晕染在一起，呈现出不一样的效果。

③ 用树叶做几条小鱼，再用胶棒粘好。如果找不到合适的树叶，也可以用手工纸代替。

④ 姐妹俩忙活了半天，制作了好几条树叶小鱼，形态不一、生动无比。

⑤ 有吐着彩虹泡泡的小鲸鱼，也有肚子圆滚滚、摇着尾巴的小鱼。

Part
27
树叶

瓢虫之家

难度系数 ♥♥♥♥ 参考年龄 6 岁以上

继续用丙烯颜料搭配落叶，这次的主题是“森林里的瓢虫”。准备好绿色系（深绿、浅绿、墨绿）和大地色系（棕色、灰色）的颜料， 再找出画瓢虫会用到的红色、白色、黄色颜料以及笔刷，一切准备就绪。

材料

- 丙烯颜料
- 水渍刮刷
- 树叶
- 加厚绘画纸
- 铅笔
- 颜料刷

步骤

1 森林背景的部分做好了，开始着手瓢虫的制作。

2 用事先压平的树叶做身体，用海绵刷涂满红色颜料。

3 一个身子分两半儿，画出眼睛。

4 用铅笔尾部蘸取颜料，点出瓢虫身上的点，黑点、黄点、彩色点，想怎么点都可以。

用水渍刷刷颜料这一步真的很治愈，出来的效果每次都很惊艳，难怪姐妹俩每到这一步都要抢着来。

Part
28
树叶

草丛里的小秘密

难度系数 ♥♥ 参考年龄 **6** 岁以上

材料

- 冰棒棍
- 树叶
- 胶水
- 马克笔

捡些落叶当画纸，把所有创意画上去。麦姐画了一些树叶笑脸，用冰棒棍粘好藏在花坛中，妹妹能顺利找到吗？

Sweet Pea Shrub 'Petite Butterfly'

Part
29
树叶

大自然的调色板

难度系数 ♥♥　参考年龄 4 岁以上

每每看到满眼的绿意和斑斓的鲜花，心情就会很愉悦。如果能把这些绿意定格，那多完美。

用棉线或者比较有韧性的牛皮筋在硬纸板上卡出网格，孩子在大自然中随手捡到的宝贝就可以穿插进去了。不仅锻炼了小手的精细动作，也把大自然中的美妙元素做成标本板保留了下来，特别好看。

材料

- 纸板
- 牛皮筋
- 大自然中的一切元素

Part

30

树枝

彩色树枝

难度系数 ♥♥♥♥ 参考年龄 **5** 岁以上

树枝这种长条状的东西，好像有种天然魔力，特别令孩子们着迷。女儿们每次去公园或者徒步的时候，总能带回家好多根，而且每次还叮嘱我不要扔掉，她们要留着当仙女棒，做魔法棍，要玩过家家的时候用来搞大事情！

既然这样，那不如就玩个尽兴，一起施个魔法，把树枝变成彩色的！谁让这万物皆可画，创意无处不在呢！

材料

- 树枝
- 丙烯颜料
- 笔刷
- 涮笔杯
- 涮笔水

步骤

1 准备好容易上色且不容易掉色的丙烯颜料、笔刷以及涮笔水。

2 为了方便操作，我特意找来空的高玻璃瓶，把树枝竖插在瓶里（或者插在土里），孩子们直接站着上色。

3 然后就是不被打扰的自由发挥时间了，按照自己的喜好给树枝涂上颜色，还可以用胶水选取绒毛球进行拼贴，变身开花的枝头。平平无奇的树枝变成了独一无二的艺术品，放在室内或阳台，绝对是一道亮丽风景。

Part
31
树枝

树叶风铃

难度系数 ♥♥ 参考年龄 5岁以上

在后院捡了根树枝还有各种形状、颜色的落叶，小心地在叶子上打孔，用绳子串起来绑在树枝上，一个秋日挂件就做好了。将其挂在门口、窗户上就很美。要是绳子够结实，还可以把松果松枝都挂上，增添更多节日气氛。

材料

- 树叶
- 树枝
- 绳子
- 松果

Part 32

松果

带着孩子一起看科普节目也是了解科学的好方法，比如在一期节目中，一个小朋友将一颗松果提前放进了一个有暖炉且非常干燥的房间，然后将一张写着内容的秘密纸条折叠，并塞进了松果鳞片之间。

随后他将松果移到刚下过雨的潮湿的室外，几个小时后，他神奇地发现，本来张开的松果的鳞片全部闭合了，纸条被包在里面看不见了！

松果变戏法

难度系数 ♥♥ 参考年龄 5 岁以上

麦麦看后直呼好神奇，迫不及待地也要尝试。我们稍微改变了下科普视频中的内容，直接将鳞片张开的松果放进了水中，加速其闭合。1 小时后，像是变了戏法一样，所有鳞片全部闭合了。

我们一起查看百科，了解到了更多背后的原理：松果是天然的天气预报员，会对空气潮湿度做出反应。像松果这样种子露在外面的植物称为裸子植物，需要通过鳞片对种子进行保护。当空气湿润或者下雨天时，松果会将鳞片闭合以便保护种子不被雨淋。天气干燥时，鳞片自然打开，以方便种子传播。

生活中真是处处有科学！

材料

- 松果
- 水
- 容器

Part 33 鲜花

送你一束七彩花

难度系数 ♥♥♥　参考年龄 5 岁以上

很久以前我们做过一个科学实验：将白菜叶放入溶有各色食用色素的水中，静置一晚，每一片白菜都“穿”上了彩色的衣服。距离做这个彩色白菜游戏已经过去了太久，但每每提及，麦麦总说她还记得，再细问原理，她会告诉我，植物根茎有管道，是可以吸水的。

这些科学现象留在了孩子的记忆中，形成了“感觉”，当我们再提及相关知识时，之前存储的科学感觉便回来了。

材料

- 水
- 白色或浅色花朵
- 蔬菜
- 瓶子
- 食用色素

步骤

这次我们重现这个经典科学实验，主角由白菜换成了白色鲜花，体验白色鲜花被染色的过程。

花茎中有一条管道，多亏了这条管道，水才可以被运输到花瓣上，给予植物和花朵必要的水分。当带颜色的水被运输到花瓣，并蒸发之后，花瓣就染上了相应的颜色。科学本身就像魔术一样，充满了奇观。

科学启蒙不只是理论知识，更是鼓励孩子们真正地用手触摸、去体验、去探索过程。

彩虹花实验结束后，麦麦提出了更多关于花的问题。她问我，既然水的颜色影响花的颜色，那水的味道水的温度会对花有影响吗？液体的种类对花的生长有影响吗？比如把花放在盐水里、醋里，或是鸡汤里，花会变成什么样呢？

精疲力竭的鲜花

难度系数 ♥♥　参考年龄 5 岁以上

材料

- 2 朵鲜花
- 2 个容器
- 水
- 食盐

我们决定在她所有天马行空的材料清单中，找一个好操作的试验一下。取 2 个装满水的玻璃瓶放入鲜花，其中一杯放入食盐，约 1cm 高即可。

第二天一大早，我们惊奇地发现，插在盐水里的那朵花居然折了腰，耷拉着脑袋一副精疲力竭的样子，花瓣也不如放在清水里的那朵饱满。

为什么会这样呢？我们一起查找科普书籍资料，一起上网查找信息，才了解到了其中的一些原理：清水在植物侧壁压的帮助下进入植物细胞中，所以植物叶子充满了水分，花瓣看起来自然就很饱满，但盐水是无法像清水一样进入植物细胞中的。植物细胞中的水分流失到了盐水中，水分流失导致植物缺水，呈现了变蔫的状态。

Part
35
蜗牛

原来你是这样的蜗牛

难度系数 ♥♥♥♥♥ 参考年龄 5岁以上

夏天徒步路上，总能看到很多的小蜗牛，孩子们三番五次央求，想带几只蜗牛回家养。我怕养不好，一直没有答应。直到后来我在网上做了很多功课，也和孩子们在图书馆借了很多相关绘本，有了足够的心理建设和知识储备后，这才松了口，颇有仪式感地接了两只小蜗牛回家。

既然养，那就负责任地对待和照顾。为此我们做了很多准备工作，在整个饲养过程中学到了好多有趣的知识。

材料

- 蜗牛
- 玻璃 / 塑料透明盒子
- 泥土
- 树皮 / 树枝
- 松果
- 新鲜蔬菜 / 水果

步骤

首先，准备合适的容器，预备饲养环境。我们找来大玻璃瓶，把顶部换成了有小孔，可以透气的盖子。

在容器底部铺上买好的椰土和苔藓，放入户外捡来的树枝、树叶，定期喷水保持环境湿润，尽可能还原潮湿阴凉的自然环境。

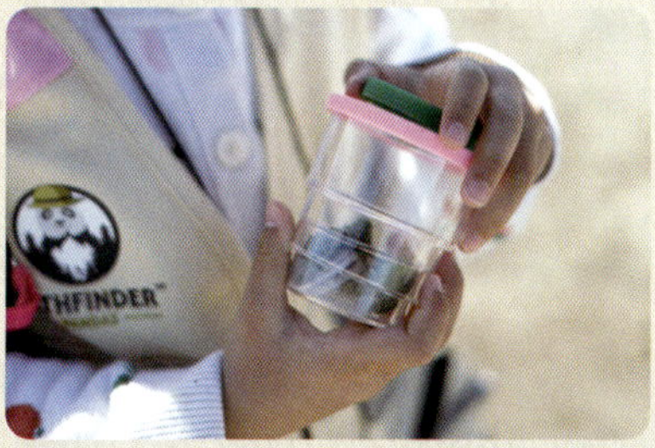

其次，帮助孩子了解蜗牛饮食习惯以及喜好。孩子们虽然对于每天的粪便清理避而远之，但对于清理完后的投喂工作倒是争先恐后积极得很。我们通过查找资料，了解到了蜗牛的饮食喜好，给它们提供水果、蔬菜、麦片以及碾碎的蛋壳。所有食物中，蜗牛最爱吃的居然是麦片！孩子们直呼好神奇！

每天姐妹俩总要来关心一下蜗牛们的饮食起居，观察蜗牛触角的变化、蜗牛的运动轨迹以及爬行的方式，密切关注蜗牛的排便情况。

蜗牛身上的螺旋花纹有何区别？如何通过蜗牛壳区分幼年以及成年蜗牛？食物不同是否影响蜗牛的排便颜色？雌雄同体的蜗牛要如何生宝宝？蜗牛和同是软体动物的鼻涕虫有什么区别？这些问题全部在我们与蜗牛密切相处的每一天中得到了解答。

Tips | 小贴士

若想在短短几周内观察生命的轮回，养蚕一定是最佳选择。

我对蚕的了解和喜爱，贯穿于整个童年。为了延续童年回忆，我也会带着自己的孩子们一起养蚕。我们从蚕卵开始孵化，通过蚕的蜕皮次数与身体变化判断蚕的年龄，在安静的环境中仔细听蚕吃桑叶发出的声音，观察从一龄到五龄不同大小的蚕的粪便。一起去摘桑叶，一起看着一条条小蚕变长变大、作茧吐丝。

我们还在破茧成蛾之后的阶段制作了标本，将其放入透明的玻璃瓶内，便于随时观察。我们将成千上万只蚕卵放入密封袋中，又放入双层密封盒中，冷冻在冰箱里，等来年继续期待新一轮的生命轮回。

2 材料清单

list of Essential Craft Supplies

我家的手工绘画材料清单

罩衫

小宝宝们玩起游戏来全情投入极易失控，一冲动起来一天要换好几套衣服，洁癖妈妈们还是准备一件防水罩衫以防万一吧。

托盘

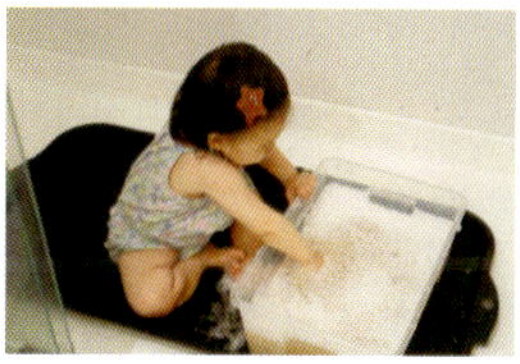

托盘是我家利用率很高的物品之一，尤其是在陪玩早期，即孩子们 2 ~ 3 岁这个阶段，10 个游戏起码有一半都是在托盘中进行的。

通常在游戏之前，我会花一点时间，把道具、工具都准备完善，集中放在托盘里，孩子坐在桌前就可以马上进入状态。

托盘的使用也让孩子们意识到，有些游戏容易造成混乱，需要在一定范围内进行，就算是玩和少量液体有关的游戏也不成问题。

还有一种大托盘，是我逛二手玩具店无意中淘来的，放在室外或者浴室，用来玩脏脏的游戏正好。比如妹妹玩泡泡水，直接坐地上有点凉，托盘正好派上了用场。

颜料

颜料瓶很软，轻轻一捏特别好挤。能更加轻松自如地驾驭工具，对孩子来说是一件特别有成就感的事情。自从姐妹俩能按自己喜好选颜料挤颜料以后，整个绘画过程也变得专心了很多。

给再小一些的宝宝玩颜料，安全起见，最好选择手指颜料。玩的时候穿好防脏衣，将纸的四周用胶带粘好固定在桌子上就可以了。如果不放心成分，还可以用面粉加水加食用色素，制作家庭版手指颜料。

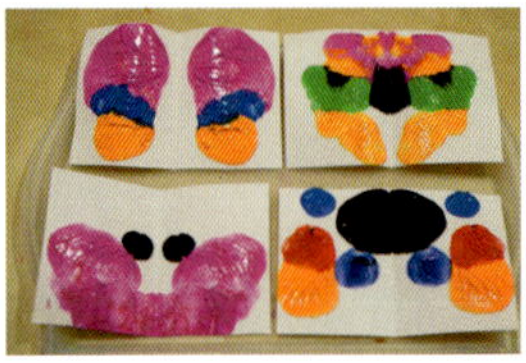

画纸

◉ A4/A5 打印纸

纯白打印纸是常备，用来写字、画画、做手工都可以。孩子的涂鸦欲旺盛时期，一天要用掉很多张。

◉ 超大纸

可以根据需要裁剪成任意大小，铺在地上，贴在墙上，需要进行大面积绘画和创作时就可以派上用场。妹妹躺在上面，姐姐负责画出身体轮廓，然后她俩给妹妹的肖像上色、做装饰、完善内容和细节。

学习大小写字母，可以试试连线的办法，我们把这个游戏搬到了户外，把整张大纸粘在了墙上，空间变大整个身体都舒展开来，效果发挥得更好了。

或者索性用大纸铺满整个桌面，随意创作，收拾起来也方便，还省去了擦桌子的步骤。

◉ **彩纸**

彩纸用法多样，绝对是手工必备，各种颜色、薄厚、大小的都可以准备一些，除了在手工中使用，还可以做颜色配对游戏。

◉ **水彩纸**

水彩纸和普通的 A4/A5 打印纸不同，它的吸水性更强，不同的磅数代表不同的薄厚，纸面相对来说比较结实，不易因重复涂抹而破裂，也不易皱。

画笔

笔的种类有很多，不同的笔在纸上有不同的触感，能画出不同效果。我们最常用的是水彩笔、铅笔、蜡笔以及颜料棒这种基础笔。尤其是颜料棒，有点类似于蜡笔，但更软一些，涂抹感也更加丝滑易上色，用起来手感很好很上瘾。用小笔刷或者手指蘸点水在画上涂抹，还能画出水彩画的效果。

除此之外还有一些属于用起来“好玩”的非典型性的画笔。比如圆点彩色马克笔，轻轻一按就能印上彩色小圆点，而且颜色不会流得到处都是。对精细能力有限但又想拿笔的小宝宝正合适。

食用色素

食用色素当初是为了烘焙而买，现在用于早教游戏的次数和机会反而更多，只要是玩和“色彩”相关的游戏几乎都能用到。

用它做色彩混合的科学实验，能让孩子很直观地看到红色 + 黄色 = 橘色、黄色 + 蓝色 = 绿色的混合效果。在清水中加入色素，放入白菜，能观察植物根茎的吸水性。

在冰格中加入水和色素，插上冰糕棍，做成冰块画笔。在白醋中加入不同颜色的色素，观察白醋与小苏打产生的化学反应，视觉上更有冲击力。

如果没有食用色素,也可以在日常食材中提取。绿色可以用菠菜汁，红色可以用草莓汁或者樱桃汁，紫色可以用甜菜根汁，粉红或者黄色可以用花瓣汁。

胶水 / 胶棒

胶水、胶棒是做早教游戏和手工的必备材料，多准备一些准没错。相较于胶棒，我们更常用液体胶水，小小一瓶拿在手里，想用多少自己掌握力度来挤，更有掌控感。

如果担心宝宝小，自己挤胶水会造成混乱，可以挤在小碗里，拿小刷子或小木棍蘸着用。

透明胶带 / 纸胶带

除了必备的透明胶带之外，还有一种纸胶带也很常用，花纹好看，多用于手账记录以及手工物品的装饰上。因它黏性有限，所以几乎不会伤到墙和纸。贴在墙上，让宝宝去撕拉，能锻炼手指、手腕的力量。还可以贴出汉字字形，将字形和对应的实物相结合。

剪刀

宝宝两岁后如果对剪刀感兴趣，就可以在大人的监督下尝试使用，一旦手工中能自己轻松使用剪刀，解锁的玩法也就更多了，在手工过程中也会更独立。建议选择刀尖是圆角的剪刀，握柄洞不要太大，以小洞放进大拇指、大洞放进食指与中指这样的大小为最好。

贴纸

贴纸不仅可以用于早教游戏，还可以被灵活使用在各种手工绘画创作中。姐妹俩喜欢的“冰雪公主”主题贴纸，既满足了“贴纸”的需求，又练习了“分类”。妹妹尝试自己完成撕和贴的动作，姐姐用贴纸拼搭成各种形象，组成有意义的故事情节。

空白卡片 / 空白纸袋

我常常会准备很多空白卡片，在不同的节日制作不同的贺卡，将创意和心意传送给身边的朋友。

礼品袋同样可以自己制作。手工店或者一元店常有类似的牛皮纸袋，有大中小不同尺寸可以选择，厚厚一叠几十张才卖几美元。

做好的纸袋集中放在一起，需要的时候就拿出来装礼物，还可以根据不同场合、不同节日、不同主题随时再制作，省钱的同时心意更足，也省去了临时去买包装袋的麻烦，一举多得。

其他手工零部件

◉ **毛根 / 小珠子**

把小珠子或者剪成小段的彩色吸管用毛根串起来，就能制作成好看的手链。

◉ **溜溜眼**

溜溜眼绝对是手工神器，不论贴在哪里，都能使作品立刻鲜活生动起来。要是再遇到喜欢小怪兽形象的宝宝，家里有多少溜溜眼都能用上。

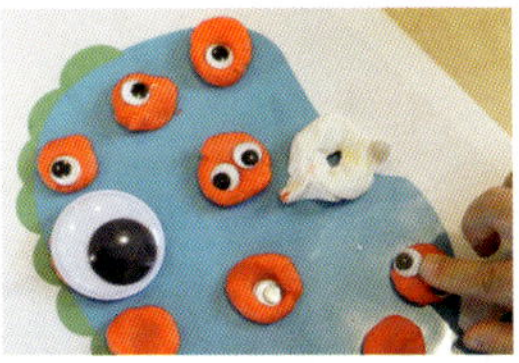

◉ **绒毛球 / 亮片 / 吸管**

用小零部件装饰橡皮泥小怪兽，给麋鹿安上绒毛球红鼻头，用纸筒和剃须膏搭配吸管、绒毛球、亮粉做一个冰激凌。

冰格

将颜料或者食用色素挤进冰盒，放水搅拌至基本融合时放入冰箱冷冻，在其还没有完全冻成冰块的状态时插入冰棒棍，带把手的“冰块画笔”就做好了。冰格里放入不同的物品冻好，一起玩冰块寻宝游戏。给冰块上色，感受颜色与水慢慢交融后的独特色彩。

棉棒

谁说画画一定要用笔呢？换种方式画得更好。在纸上用笔画出每个字母的轮廓，用颜料和棉签来涂色，能帮助孩子更好地记忆字形和笔画顺序。

提起资源的回收再利用，大家比较熟悉的通常是纸张、玻璃和塑料等材料。但其实生活中还有很多物品，都充满想象空间。有时觉得它们很神奇，不是神在它“本职工作”做得有多么出彩，而是妙在它完美地应用在了我们的家庭美术与科学的亲子互动中。那些看似和早教不沾边的工具与材料，稍加利用，便能发挥意想不到的作用。

色素不再只是为蛋糕上色的液体，它也可以是科学实验里的神器；咖啡胶囊壳不再被动地等待收集，而是摇身一变出现在手工和美育里；当沙拉甩干器和刷水器被摆在孩子们面前的那一刻，独一无二的艺术作品就诞生了。打破工具局限，打破游戏方式局限，你会发现生活里稀松平常的小物品提供了那么多可能性。

Everything

Chapter 3
万物皆可用

Part
36
吸管

疯狂的头发

难度系数 ♥♥♥　参考年龄 **5** 岁以上

艺术和绘画是与生活息息相关的，家长所要做的不是让孩子正襟危坐地拿着笔在纸上涂抹，也不是教他们如何画得像、画得美，而是要试着引导他们尝试用不同的工具，打破局限，在想象与创作中自由地表现自己。

说到尝试用不同的工具画画，你脑海中出现了哪些能替代彩笔的工具呢？叉子？树枝？或是冰块？这次我们尝试的创作工具，你也许想不到，但其实人人家里都有，只需要将它从厨房中拿到画桌前，使劲地吹气，就可以制作出酷炫的“吸管吹画”。

材料

- 绘画纸
- 画笔
- 液体水彩 / 食用色素
- 吸管
- 托盘

步骤

1. 在纸上用不会掉色的马克笔画上人物肖像的轮廓。用纸选烘焙纸、厚一些的卡片纸都可以。

2. 为留白的肖像画上五官。

3. 在肖像头顶的位置挤上液体水彩。液体水彩的包装其实和食用色素非常像，区别在于液体水彩颜色更加鲜亮一些，且质地没有食用色素那么黏稠。

如果家中只有食用色素或者水彩颜料，可以将其挤到容器中，加入几滴水稀释一下，之后用滴管挤到纸上就可以了。

因为我们想要达到的效果是，当你用吸管吹纸上的液体时，它能够在纸面上流动，所以无论是用液体水彩还是食用色素，都不能太黏稠，否则很难吹动，影响游戏效果。

用吸管吹画很简单，这几乎对所有年龄段的孩子来说都会很有趣。用吸管将液体颜料吹在纸上，创造出有趣的设计，这样一个简单的艺术活动，却可以让人一遍又一遍地享受过程，视觉效果很棒，而且每一张都独一无二、绝无雷同。

4

然后就是检验肺活量的时候了。我和麦麦一人一根吸管，对准纸上的水彩，使劲地吹！当吹出的一阵阵气流通过吸管传到纸上时，颜料在纸上开始了狂奔模式，向各个方向“奔跑”，不受控制。

5

看到颜料在气体推动下四处扩散是一件很神奇的事情，水彩本身颜色就很鲜亮透明，扩散开来晕染在纸上的效果更加有艺术感。当不同颜色混合起来的时候，又出现了不同色彩的排列组合和晕染的效果。

Tips 小贴士

吹画的过程中，难免会遇到力气太大，将液体溅出纸张的时候，所以建议整场游戏都在托盘中进行。

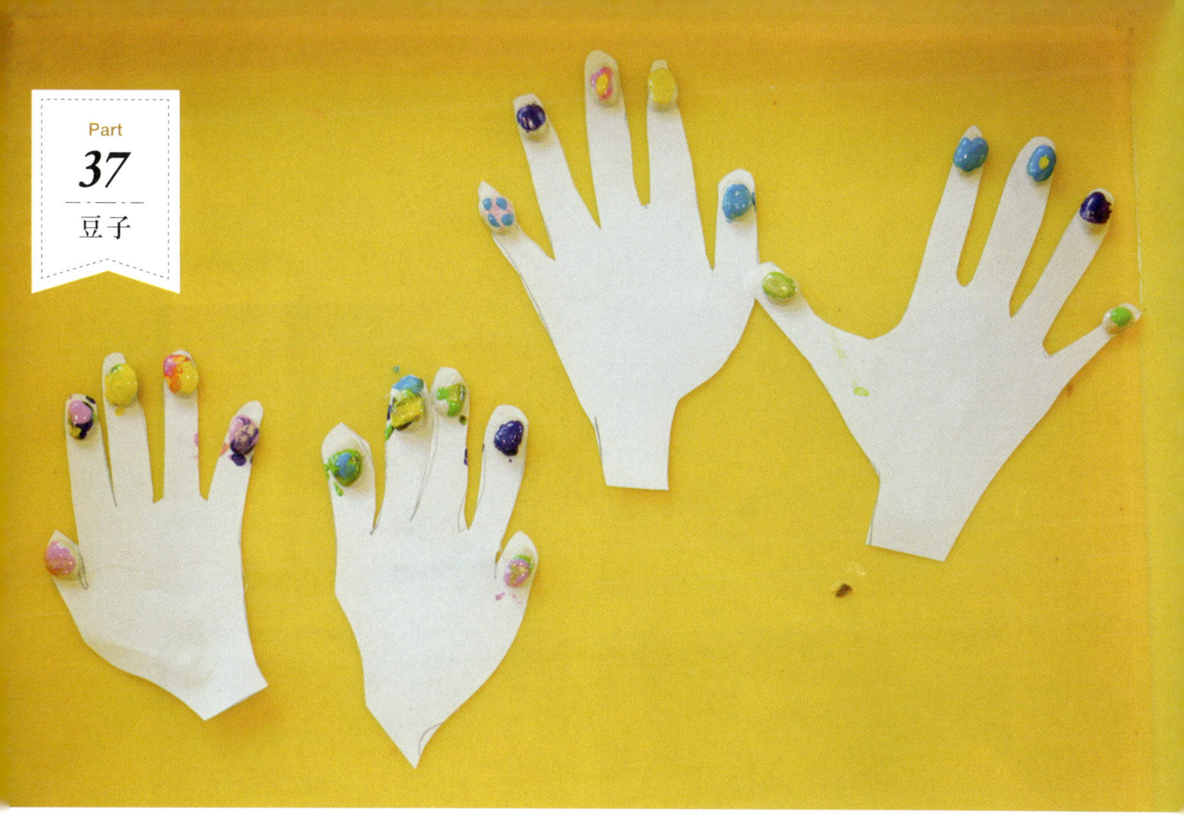

Part
37
豆子

另类美甲店

难度系数 ♥♥ 参考年龄 5岁以上

材料

- 绘画纸
- 彩笔
- 剪刀
- 指甲油/颜料
- 豆子

家里常备儿童指甲油，谁让我有两个爱美的女儿呢。姐妹俩你帮我抹一抹，我给你涂一涂，手脚并用玩得不亦乐乎。后来我想了一招，把豆子粘在纸上当作指甲，姐妹俩的“美甲店”就开张了，豆子管够，想怎么涂就怎么涂。

步骤

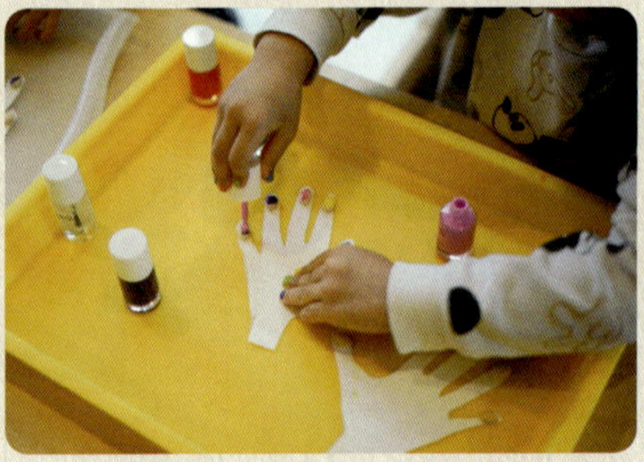

把手按在纸上画出轮廓，再沿四周剪下。

将白腰豆或者芸豆用胶水或热熔胶枪粘在彩纸手掌的指尖处当作指甲，一个再简单不过的“美甲道具”就做好了。

Tips 小贴士

家里没有指甲油也可以用水彩颜料、丙烯颜料或者彩笔来代替。

Part 38 厨房用品

火山来了，快快跑

难度系数 ♥♥♥　参考年龄 5岁以上

孩子不断进阶的认知水平和对知识深层挖掘的需要让我意识到，我们在一个主题上停留的时间应该再多一些，需要就一个兴趣点深挖，玩得再透一些。

我开始整合网络上诸多优质又便宜的学习资源，尝试家庭主题式的学习方式。主题学习是指围绕主题来设计的学习活动和项目，并将其与生活连接，从根本上加强孩子与主题的“参与度”，鼓励他们收集信息，理解知识，进行再创作，这个家庭版“火山实验”就是很好的例子。

材料

- 托盘
- 小苏打
- 白醋
- 纸杯
- 锡纸
- 仿真动物玩具

步骤

1. 孩子们对于绘本中提到的火山岩浆爆发过程很好奇，所以我们决定进一步探究，通过科普视频了解火山爆发的原因以及过程。

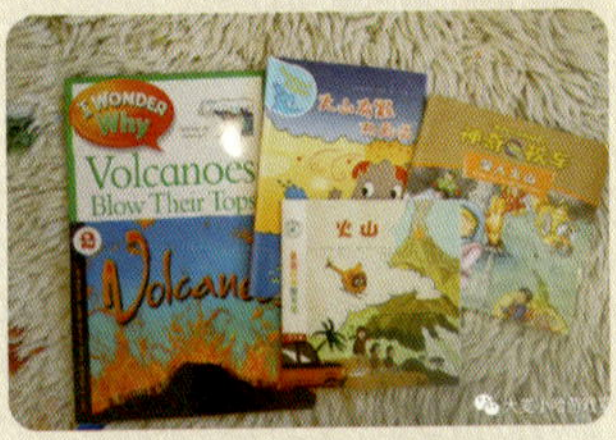

2. 我找来火山主题绘本，通过学习不同的科普读物帮孩子们补充知识点。

3. 有了这些基本的、书面上的了解后，就可以围绕主题开展更为开放性的扩展活动。

4. 我们用纸盘、纸杯和锡纸作为基础道具还原火山形态，利用小苏打和白醋的反应还原火山爆发场景。

5. 实验反应的一瞬间，绵密的红色泡沫缓缓翻腾而出，像火红的岩浆，又似翻腾的热浪，引得孩子们屏住呼吸，继而又发出一阵阵惊呼声。不管这个实验做过多少次，姐妹俩都像是第一次做那样兴奋。

6. 这样一来，不管是在知识层面，还是在具体形态上，孩子对“火山”主题的学习都有了更直观的了解。通过科学小实验加深感官印象，不断地内化，记忆也就更深刻了。

Part
39
厨房纸

吸水力测试

难度系数 ♥♥ 参考年龄 **5** 岁以上

我时常提醒麦麦，纸巾用完尽量都丢进垃圾桶，而不是直接冲进马桶中，厨房纸和面巾纸更是不可以。小时候她只是照做，现在大一些了，有了思辨能力，当我再提醒她时她总会多问一句“为什么”。

我简单地告诉她，厨房纸和面巾纸的吸水性不强，扔进马桶里不容易烂，如果积攒太多厕所就堵了。

之后，我找来三种家庭生活中常用的纸——厨房纸、面巾纸以及普通厕纸，放在盘中倒进水将纸浸湿。

拿在手里一张一张地感受，哪一种碰了水会有什么样的手感，形态上有什么变化，感受实验的过程，比最后的实验结果更有意义。

纸张的分解程度和水的温度以及浸泡的时间长短有关系吗？动手实验，才会得到答案。

材料

- 厨房纸
- 面巾纸
- 普通厕纸
- 盘子
- 水

Part 40 沙拉甩干器

炫酷旋转画

难度系数 ♥♥♥ 参考年龄 5岁以上

有很多厨房小物件，看似和美术启蒙、手工游戏完全没关系，却可以完美地应用在我们的家庭美术早教小课堂中。

比如这个沙拉甩干器，完美替代了旋转画玩具，既能用于家庭美术课，洗干净后又照样可以用于沥干沙拉，平平无奇的一个厨房小物件就又多了一个用途。

材料

- 沙拉甩干器
- 普通白色绘画纸
- 咖啡滤纸
- 颜料
- 手工小物件

步骤

1

能有理由光明正大挤颜料，孩子们简直像是接收到了某种释放的信号，争先恐后挤到心满意足。

2

挤在纸上的颜料因为离心率的作用而向外飞溅，色彩跟着转盘挥洒起来，每一张都有特别的纹路。

3

如果把颜料挤成点状，旋转后会出现什么样的纹路呢？

4

如果把颜料挤成圈圈状，旋转后又会出现什么样的纹路呢？

5

孩子们根本停不下来，一连玩了好几天，每次都做了很多张，已经达到了批量生产的规格。每一张都有自己独特的线条与风格，很有现代艺术之美，刻意画反而不一定能画出这个效果。用放干后的旋转画纸片搭配一些手工材料，又是另一种梦幻联动。

6 如果想锻炼一下手指精细能力，这种串珠活动最合适了。一把带孔小珠子加上几根手工用的毛根，孩子能玩很久。

7 我把这些小挂件挂在了家门口的樱花树下，起风的时候，一个个小摆件随风摆动，要是再挂几个小铃铛在上面，也许就更灵动了。

8 孩子们说没过瘾，我们又用咖啡滤纸玩了好几次。咖啡滤纸本身质地比较软，颜料放干后可以轻松折成不同形状。我们将其折成蝴蝶形状，用毛根和装饰物串起来做成了挂件。

Part
41
咖啡胶囊壳

咖啡胶囊壳中的铝质材料不可降解，直接扔掉会污染环境。一般的咖啡胶囊公司都有胶囊“返航计划”，可以供给我们将废旧胶囊放在专用回收袋中，攒满后寄回胶囊公司。

天然除味剂

难度系数 ♥♥ 参考年龄 7岁以上

材料

- 咖啡渣
- 无纺布袋
- 旧袜子

据说回收后的咖啡残渣会被送到当地的有机农场，和其他食物残渣、泥土混在一起，经过几个月的发酵后制作成堆肥，重新利用到种植中。

咖啡残渣在家庭中也有很多妙用，是家庭清洁好帮手。为了避免咖啡粉发霉，我每隔一段时间都会分离出一部分咖啡渣，确保将咖啡渣放在干燥通风的地方进行充分晾干。我买了一些无纺布，把晒干的咖啡渣放进去，一个个实用碳包就做好了，或者放进敞口玻璃瓶，摆在冰箱、鞋柜、厕所里做天然的除味剂。没有无纺布也没关系，落单洗净的袜子也能派上用场，放在浴室中除臭又防湿。

Part
42
咖啡胶囊壳

另类节日装饰画

难度系数 ♥♥♥ 参考年龄 7 岁以上

我喜欢在不看口味介绍的情况下盲买咖啡胶囊，只有在喝到口中那一刻才知道是什么滋味。不同口味的咖啡对应不同颜色的胶囊，日积月累下自然就拥有了五颜六色的咖啡胶囊壳。一部分放进回收袋寄回胶囊公司，另一部分当然是为我们所用，让这五彩斑斓的咖啡胶囊壳拥有新的故事。

材料

- 咖啡胶囊壳
- 热熔胶枪
- 油画板
- 颜料
- 颜料刷

步骤

1 冬天到了，我们用咖啡胶囊壳制作了一幅独一无二的装饰画。用热熔胶枪在胶囊壳边缘均匀附上热胶。

2 将胶囊壳按照圣诞树的形状粘在油画板或者硬纸壳上。

3 用笔刷蘸些颜料，再通过另一支笔的敲打，将颜料随意洒在胶囊壳上，一下子就有了氛围感，也有了圣诞树点灯的仪式感。

4 整个圣诞假期我都把它放在厨房水池旁边，洗碗时抬头就能看到。暖冬的阳光洒在圣诞树上，心情都被点亮了。

5 用同样的方式，我们选出了粉红色系的咖啡胶囊壳，搭配热熔胶枪粘出心形，再用绒毛球（Pom pom ball）蘸取水彩颜料进行装饰，制作了情人节主题的装饰画，整个二、三月都摆在外面，特别应景。

Part
43
咖啡胶囊壳

独一无二的相框

难度系数 ♥♥♥ 参考年龄 7 岁以上

游乐园的工作人员给姐妹俩画了一幅肖像画，因为画纸尺寸特殊，一直找不到合适的相框。

我从材料箱里找来一张硬纸板，尺寸比肖像画稍大一些。把肖像画贴在纸板上，然后按自己喜欢的颜色把胶囊壳按顺序用热熔胶枪贴边粘好，画面一下子变得立体了！比普通相框还要吸睛。

材料

- 咖啡胶囊壳
- 照片
- 硬纸板
- 热熔胶枪

Part
44
咖啡胶囊壳

三子棋(Tic-Tac-Toe)就是简易版的五子棋，很多人也称它为“井字棋”或者“过三关”。是一种对抗型双人棋类游戏，和所有棋类游戏一样，锻炼逻辑思维和抗挫力。它的玩法也特别简单，在 3×3 格子上进行连珠，一方为 O，一方为 X，轮流在格子里留下标记，先连成三棋一线的为胜。

玩个不停的井字棋

难度系数 ♥♥♥　参考年龄 **5** 岁以上

找出一张硬纸板，再拿胶带分好格，半分钟不到，一个三子棋棋盘就做好了。

妹妹和姐姐玩五子棋的时候总被姐姐虐哭，毕竟姐姐也是孩子，好胜心也强，不会像我一样让着妹妹好多棋。

玩井字棋的时候情况就会好很多，井字棋先手优势多，尤其是如果先手下在角位行第一子的话，赢面就会很大。而且如果两个人都不出现失误的话，平局也会很多。妹妹玩井字棋不至于总输，所以参与感特别强。

材料

- 胶囊咖啡壳
- 正方形硬纸板
- 彩色胶带

Part 45

咖啡胶囊壳

好忙好忙的小镇

难度系数 ♥♥　参考年龄 **4** 岁以上

我喜欢买很多开放类玩具，比如乐高、积木、玩具汽车等，这种随心所欲搭配和建造的“开放类玩具”，玩法不受限制，没有对错，多了一份创意投入和心情的平和。

积木木条没有花里胡哨的颜色，虽然形状单一，但很挑战创意和想象力，空间几何概念、建筑设计的知识更是能在积木游戏中得到增长。将其和五颜六色的咖啡胶囊壳搭配起来，能擦出很奇妙的火花。

材料

- 咖啡胶囊壳
- 玩具汽车
- 积木
- 其他开放类玩具

Part
46
咖啡胶囊壳

树屋大翻新

难度系数 ♥♥♥♥　参考年龄 6 岁以上

很久之前为孩子们做过一个纸筒小树屋，（详见 P20）被姐妹俩当作宝贝珍惜了好几年，小朋友来家里做客，在这个小树屋前面逗留玩耍的时间也很多。

经过了这么多年，精致小树屋已是满目疮痍，楼梯塌了，小桥断了，木质地板也不知道在哪一次浸了水，变了形、翘了边儿。姐妹俩不同意我扔掉重新建造的决定，提议在原基础上进行改造。危房重建计划因此启动，而重建的最重要的材料，就是这些废旧的咖啡胶囊壳。

材料

- 咖啡胶囊壳
- 热熔胶枪
- 纸筒
- 纸板

步骤

1 一个胶囊壳加几根树枝，再用热熔胶枪固定好，一个小亭子便在顶楼加盖好了。姐姐提议在二楼加一条索道和缆车，以增加交通设备的多样性。我找来一根彩带，用热熔胶枪固定在两头，再用咖啡胶囊壳做个移动缆车，这事儿就成了。

2 在原有的树枝楼梯基础上，我们用咖啡胶囊壳做了两个旋转楼梯。

3 为了美观和实用，我们在翘边儿的木板边缘用热熔胶枪粘了一圈胶囊壳，美其名曰“遮雨棚”。

4 之前的木质秋千也升了级，稳定性更好了。

大功告成！快来看一看，还有比这个更酷的树屋吗？

Part 47 咖啡滤纸

咖啡滤纸巧变花蝴蝶

难度系数 ♥♥♥ 参考年龄 5岁以上

我们将食用色素滴在水中并把颜色混合均匀，麦麦用滴管把各种颜色滴在铺好的咖啡滤纸上，不同颜色的水在纸上慢慢扩散开来，产生了好看的晕染效果，放干后更加明显。之后我们还用毛根把彩色滤纸做成蝴蝶的样子，放在花盆中，连绿植都变得生动起来。

滴管是一个很好的练习手指力量、手眼协调能力的工具。宝宝在不断的练习中可以学会如何用手指的松与放相互配合来吸水和放水，一开始接触可能无从下手，没关系，家长多示范几次，多练几次就能上手。

材料

- 咖啡滤纸
- 滴管
- 水
- 食用色素
- 毛根

Part
48
刮水器

彩虹小镇

难度系数 ♥♥♥♥　参考年龄 6 岁以上

我喜欢利用生活中现有的物品开展家庭美育活动，进行各种探索和发现。这次，我们继续用水渍刮刷进行艺术创作。将它和颜料搭配在一起，能在画纸上呈现非常特别的笔触以及晕染效果。

材料

- 水渍刷
- 手工彩纸
- 颜料
- 杂志
- 剪刀
- 胶水
- 彩笔

步骤

1 在纸上不同的几个位置挤上颜料，这样就可以保证刮刷在刮颜料的时候一刮到底。

2 大臂一挥，一道美丽彩虹跃然纸上，有些颜色叠加晕染在一起，比真正的彩虹还有特色。

3 既然是彩虹小镇，当然少不了小镇里的主人公们。剪下儿童杂志上的素材，进行搭配再创造。

4 为小镇上的小朋友画上四肢，再用超轻黏土或是橡皮泥轻轻推出云朵形状作装饰。

Part 49 果核

万物皆可种

难度系数 ♥♥♥♥ 参考年龄 7 岁以上

牛油果是我家的常备食材，每次去超市，总要拎一袋子回家。牛油果捣成糊，滴几滴橄榄油，加点儿黑胡椒，不管抹在烤酥的面包上还是饼干上都超级好吃。

牛油果加蜂蜜、巧克力、酸奶和水果，味道简直胜过法式甜点；牛油果加烘培芝麻酱，哇哦～那是要上天的感觉。香蕉和牛油果是绝配，再加点草莓和牛奶，谁都别喝放着让我来！

光好吃还不够，这个平平无奇的“小天才”还能让人体会到种植的乐趣。其实方法很简单，零成本还环保，耐心是标配，外加一点相得益彰的小技巧就齐活了。

网上有很多种植牛油果的方法，我试过的这个，简单美观且成功率高，屡试不爽。

材料

- 牛油果核
- 厨房吸水纸
- 矿泉水瓶
- 花盆

步骤

① 取出牛油果核，用清水洗净表面。用小刀或者直接用指甲将表皮（褐色薄膜）撕掉。

② 打湿厨房纸，或者用湿纸巾包好果核后放到密封袋里。

③ 等到果壳底部有白根露出，并且长度足够碰到瓶口的水时，即这预示着催芽成功，牛油果核即将可以进入水培这个全新的种植阶段。

④ 找个尺寸合适的瓶子开始水培，瓶口大小可以托住果核就好，一定要让刚发的芽保持接触到瓶里的水（核要在水外面，芽要在水里面）。

⑤ 水培植物比较干净、养护方便、利于观察根系、存活率高，比如绿萝，随意剪一根枝叶就能在水中发根，生命力极强。但土培营养更丰富，无论是根茎还是叶片大小，都长得特别快，再选个好看的花盆，摆在那里也很养眼。

Part
50
票根

装满回忆的相框

难度系数 ♥♥♥　参考年龄 **8** 岁以上

我有一种能把各种用不上的小物件变成家居装饰的本领，把心里不过期的珍贵回忆换种方式呈现。

我一直有留票根的习惯，喜欢把一张张小纸片连同回忆装进瓶子里封存起来。但时间久了，瓶子打开的次数却越来越少，直到瓶子越来越满，美好回忆变成了收纳的压力。

材料

- 票根
- 收据
- 车票
- 电影票
- 书封
- 镜框
- 双面胶

步骤

在别人看来毫无用处，只有自己才能明白其重要性的，值得回忆的物品，就应该好好地展示给自己，用来做装饰也好。

我决定重新整理一次这些票根，将旅行探亲足迹专门挑了出来，有动车票、城市地图还有景点门票等。这些记忆对我来说弥足珍贵，值得我单独为它们做一次专属收纳。

我买来大的相框，按照从网上学来的方法，把大小不一的票根用看似随意但却精心排版过的方式，横竖交错地叠加在一起。

整个整理过程也就半个小时，但最终呈现效果给我带来的满足感和幸福感，是无与伦比的，以至于在我之后每天看到它时，都会分泌幸福的多巴胺。

我把它挂在了连接客厅和厨房必经之路的柜子上，来家里做客的朋友也常会在这个相框前驻足，饶有兴趣地听我分享这些票根背后的故事。

过往点滴与美好回忆浓缩在了相框里。每次在相框前停留，目光锁定时，与其说是心动，不如说是被深深的思念和安心包围。我看有的人还会用类似的方法，把所有喜欢的书的书封收纳起来。

这些票根也好书封也罢，哪怕别人提意见，或者觉得不合理，只要符合自己的审美或习惯，那就是对的。

Part
51
冰块

绚丽的冰块

难度系数 ♥♥　参考年龄 5 岁以上

不管是炎夏还是寒冬，冰块都是绝好的感官游戏道具。我们家冰箱里常备着冰块，有时没时间准备其他游戏道具，就从冰箱里拿几块出来救急。

冰块制作方便，功能多样，除了能作为感官游戏材料刺激手部感觉，我们还会加入玩具道具，引入故事情节，用来做语言训练和情景想象类游戏。

材料

- 冰块
- 笔
- 食用色素

步骤

1

我给了姐姐一块我前天晚上冻好的冰块，冰块表面过于光滑，用普通水彩笔并不容易上色。

2

但换成食用色素后，冰块就发生了美妙的变化。颜色与水慢慢相互交融，呈现出很独特的色彩。随着冰块的融化，颜色也发生着变化，像一幅流动的山水画。这种“流动着”的画卷，还真是别有一番特色。

3

通过视觉和触觉去感受冰块的物理状态、形态变化，感受液体颜料在冰块表面流动时产生的动态效果，小冰块带来了大惊喜。

Part

52

报纸

超市里发放的免费报纸，在我们手里也能玩出花样。

报纸上各种食物图片剪下来，就是一个最简单的识字卡片。大一点的孩子还能学习认价钱，练习各种食物的英文对应名称，做分类游戏和超市买东西类的假想游戏等。

好玩的报纸

难度系数 ♥♥♥　参考年龄 4 岁以上

把报纸上面的各种食物图片剪下来，结合孩子们喜欢的绘本《牙齿大街新鲜事》做拓展活动，哪些食物是对牙齿好的？哪些食物是对牙齿不好的？找到食物图片，分别贴进相应的牙齿下面吧。

别看姐妹俩每天都在为刷牙和吃糖、吃零食的事情和我作斗争，一到区分食物的健康与否，那是分得又快又好，看来不是她们不懂，只是她们做不到！

材料

- 超市报纸
- 手工纸
- 笔
- 相关绘本
- 胶水

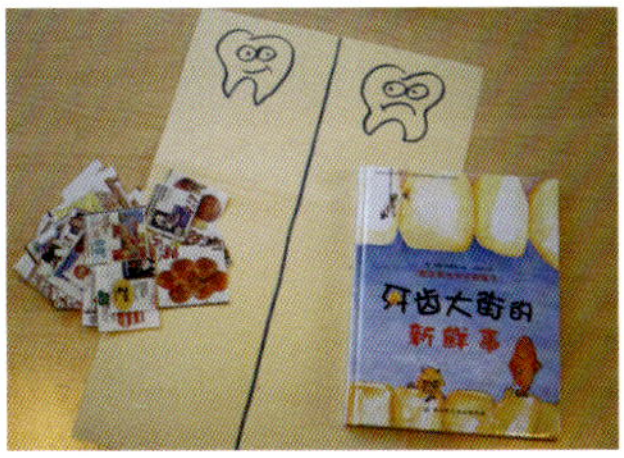

| 特集 |

3 | 玩具收纳

Kid Friendly System for Organizing Toys

听说你想看我家的玩具收纳区？

玩具收纳区全貌

从旧家到新家，我们用了原先的玩具收纳柜，但是里面收纳的玩具经历了大换血。几年之间，孩子们的玩具进行了好几轮的新旧迭代。有些被淘汰打入了“冷宫”；有些历经考验，凭自己的实力在 C 位之争中脱颖而出，获得收纳柜有限的长期摆放权。当然还有更多的新玩具，一波接一波、一茬接一茬，不断涌入，等待被考验、被探索。渐渐地，问题也来了，玩具越来越多，家里各个角落都是，收拾的话，收纳区不够用了，不收拾的话又显得家里特别乱，看着就心烦。

我对收拾东西是有执念的，家的样子是一个人精气神的体现，摆设不需要多么精致，但是一定要有一个可以掌控的收纳系统，才能将自己安放于日复一日的混乱中，收拾起来不至于太费事。我的收纳系统的建立，是从“减少、分类、收纳、美观” 这 4 步开始的。

1 减少

◉ 从根本上减少玩具总量

如果只是把玩具从这个房间搬到另一个房间，甚至仅仅是挪开而已，这都不算是减少，只有把不需要的玩具或者物品筛选出来，“请”出家门，才算是真正的收拾和断舍离。而且在选择玩具去留时问自己的不是 “玩具还能不能玩”，而是“需不需要玩”，扔东西就变得容易很多。

功能性单一和延展性也有限的电声类玩具、重复性比较高的玩具、已经不符合年龄的低幼玩具、功能性退化或者破损的玩具等，都是我断舍离的头号目标。虽然当时买来也是精挑细选过的，但如今不需要了，就不必造成负担，哪怕转送给能好好用它们的朋友，或者送去二手店也比一直留在家里吃灰要好。

◉ 限制 “摆出来” 的玩具数量

我们家的玩具其实不算少，但摆在明面上的不多，大部分其实放在了储物间里。把玩具摆出来之前先问问自己：每天都会玩到这些玩具吗？有多少玩具摆在外面很久了，但是孩子没碰过一次结果都落灰了？

这么自问一下，也许你会发现，孩子在同一时间段感兴趣的玩具也不过就那么几件而已。觉得玩具区乱，觉得玩具总是没地方收纳，很大的原因是我们摆放了太多根本不用的玩具在其中。如果一种玩具很久都不玩但又不想丢弃，那就用大号收纳袋或者收纳箱装起来，过一段时间再拿出来看看。

在保证橱柜上的玩具是孩子当下喜欢并且有挑战可拓展之后，就可以把不常玩的玩具替换掉了，这样做也可以保持新鲜感。玩具收纳是这样，其他空间的收纳和摆设也可以这样，限制物品摆放出来的数量，这样不管是多狭小的空间，都不觉得拥挤杂乱。

2 分类

◉ 按功能性进行分类

功能性相似的东西放在一起，一方面，让人产生物品之间功能性的联想；另一方面，孩子自然而然把归类的概念印在了脑子里。分类还有一个目的，就是让我们在杂乱中依然能快速定位到自己想要找的东西。

当我们引导孩子去分类、归类，每个种类的玩具都用一个收纳箱装好，这就已经开启了有序的第一步。比如收银机和钱包、存钱罐放在一起，不管是做财商启蒙还是假装游戏都可以用到；框架磁力片和彩窗磁力片，功能上都属于带磁力的搭建类玩具，所以被放在了一个篮子里；积木条和原木色方块积木，都属于积木类，搭建时也可以混合搭配；乐高大颗粒有很多主题套装，火车、城堡、游乐场等，但不管是哪一套，最终都逃不过被打散打乱混在一起的命运。这也倒是给了我“偷懒”的理由，管他什么机械款、管道款、齿轮款，除了比较特殊的几种，其他乐高大颗粒通通混在一起放在一个大的筐子里。原本不在一个套装里的零部件现在被搭配在一起，利用率反而增加了。

◉ 功能性相近的玩具放在邻近的位置

功能性相近的玩具除了放在一起，也可以放在邻近的位置，自然是为了玩起来更方便。

就好比在厨房里，锅铲和调味料都是放在邻近的位置，做饭时一气呵成，不用费太多时间找东找西。比如停车场和玩具车放在一起，从筐子里拿出车子直接放在旁边的停车场，总不至于还要跑到客厅打开橱子再跑回来玩，省下了时间，也多出来了专注力。

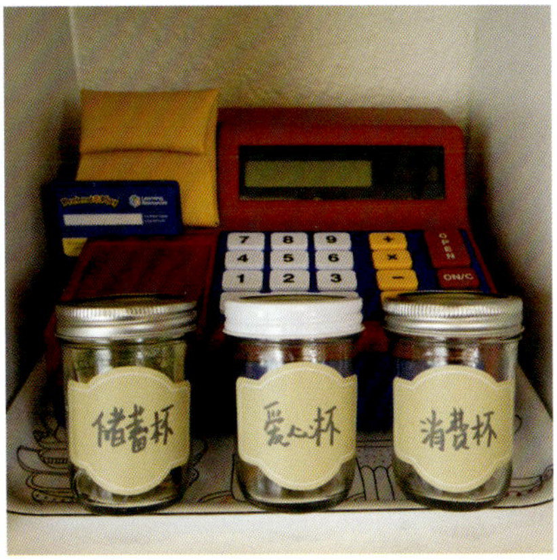
储蓄杯
爱心杯
消费杯

3 收纳

◉ 使用开放式的收纳柜

是否使用开放式的收纳柜其实一直是个比较有争议的点，大部分人的纠结点在于开放式的储物柜容易招灰，孩子乱拿东西的概率也高了，随手可得的反而成了注意力的干扰项。但是现实情况也证明，那些藏得越严实的东西越不会被想起，收起来的玩具孩子会想不到去玩，容易造成浪费。

蒙特梭利教室里的敞开式教具展示架给了我一些灵感，每一个玩具、托盘或者筐子都被摆放在架子上，使用教具的时候，孩子把整个托盘拿到桌子上，玩完以后再放回去。这样设计的目的是教会孩子有始有终、物归原处，培养他们的责任感和秩序感。

但毕竟空间有限，这种摆设适用于大教室而不是小家庭，我参照方法，只把最常玩的几样摆在了外面。

◉ 抽屉收纳柜

抽屉收纳柜既可以收纳手工材料，也可以收纳玩具，因为台面上我收纳的是手工工具，所以抽屉里放了橡皮泥、黏土、贴纸等和手工结合比较紧密的玩具。想玩橡皮泥了，整个抽屉拿出来，玩完收好再推回去。

4 美观

◉ 使用美观也实用的收纳容器

玩具区一般来说会是家里最乱的地方了，花花绿绿大小不一的玩具摆在眼前，从视觉上来说显得凌乱。为了让房间整体看上去不那么乱，整个游戏区包括玩具收纳容器我一律选择了白、灰、裸色这种淡色。

木质、藤编、布艺类的材质对我有很大吸引力，所以在收纳容器的材质选择上，我也会不自觉地选择这类，看上去赏心悦目，摸上去更有质感。最常用的、数量比较多的玩具，我按照类别放在了藤编带把手的篮子里。如果玩具放在了专属的收纳筐里，拿取容易，物归原处也方便。更重要的是，家里也能变得整洁。有了这样的收纳整理“障眼法”，就算家里来了客人，也可以快速收拾“战场”。

玩玩具的时候，我们会把一整个篮子或者一整个抽屉都拿出来，把它移动到任何地方，玩完后再收好推回去。

收纳的第一要务是“物归原处”，学习有始有终不是一件容易的事，但现成的收纳容器和固定的摆放位置一定会让收纳过程变得更顺利完整，起码会让人有意识地去执行收纳这个动作。

“整筐拿到桌子上，玩完整个搬回去。”不仅是玩具收纳，我试图在家里每个角落都贯穿这种收纳意识。客厅的沙发旁我放了几个布篮，平时在客厅读的绘本就统统被收纳在了里面，从图书馆里借的书也统统往里放，到了还书的那天，再也不用满屋找书。

减少、分类、收纳、美观就是我一直在实践的收纳方法，这 4 步收纳理念不仅应用在了收纳玩具上，也应用在了家里的其他空间中。

如果说生活中注定少不了这些平凡的家务事，少不了日复一日地为孩子收拾残局，那么就坦然面对物品和自己吧，起码大的收纳框架在那里，一切只会朝着更加良性的方向前进。

没有谁天生就知道东西该怎么放，孩子也不应该为家里的凌乱负所有的责任，如果大人塑造了一个井然有序的收纳环境，就算没教孩子怎么做，他们也会被影响，最后都是时间问题而已。

食材的可持续性同样为家庭活动赋予了特殊意义。它们来源方便、贴近生活，还是调动感官、提高学习技能的天然辅助神器，同时也能得到更好的利用和回收，降低浪费，激发孩子们的创造力和环保意识。

究竟我们能把食材的可持续性利用到什么程度呢？请往下看吧，你会发现，连西瓜皮都开始“身兼数职”，既能当作实验道具，还能为孩子们的假想游戏出力；提子变成了建筑材料；苹果和葡萄干也不甘示弱，成了科学实验里的主角；让家长们头疼的糖果都能被我们玩个底朝天！还有更多惊喜，就请接着往下翻吧！

Chapter 4

食材的可持续

Part 53 蔬菜

刻南瓜做南瓜灯 (Jack-o'-lantern) 是秋天才有的特别项目，很多人可就等着万圣节前后露一手，拿出封存一年的小刻刀，使出十八般武艺，大手一挥不动声色地雕刻出另类作品。

带孩子们去附近的农场转转，挑几个大南瓜，一起来做南瓜灯吧。

炫酷南瓜灯

难度系数 ♥♥♥♥　参考年龄 7 岁以上

沿虚线雕刻

材料

- 南瓜
- 刻南瓜专用工具等

看上去一团乱糟糟、黏糊糊的瓜瓤是难得的天然感官材料，粘在手里使劲一挤还会出汁水，瓜瓤缠着瓜籽，剪不断理还乱，想把籽都分出来就看手指精细能力了。

内部清理干净了，拿出事先准备好的雕刻模板纸用水浸湿，贴在南瓜上，只需要沿着边线把模板中阴影部分去掉就可以了。

点上灯，你就是这条街上最靓的仔！

Part
54
水果

西瓜刻章

难度系数 ♥♥ 参考年龄 5 岁以上

一个普通的西瓜，除了好吃还有什么有趣玩法？这题我会答！落在我手里，我就必定不能让它只是安安静静地做个西瓜。从瓜瓤到瓜皮，我们不仅吃瓜吃了个爽，还把西瓜玩了个底朝天。空调配瓜香，好一个透心凉。

抓住夏天的小尾巴，一起来试试这些和西瓜有关的趣事吧！

材料

- 西瓜
- 食物刻章

步骤

1 家里有几个食物刻章模具，是以前用来给面包、饼干、水果、米饭做造型的。我扭头看了看碗里的西瓜，心里顿时又多了些幼稚的想法。

2 没想到这样的“多此一举”让姐妹俩着实新鲜了好一阵，两人用模具刻出了好多图形。西瓜还是那块西瓜，做了不同的造型后，怎么吃起来就格外香了呢？

3 能看出这是个什么造型吗？

Part
55
水果

西瓜火山

难度系数 ♥♥ 参考年龄 5 岁以上

喝完了透心凉的西瓜汁，把盛瓜汁的瓜皮洗净，孩子们呼声很高的科学小实验就要登场了。

为了搭配“火山”主题学习，我们曾用纸盘和纸杯作为场景道具，利用小苏打和白醋的反应还原火山爆发场景。夏天有了西瓜皮，道具就又多了一个选择。

材料

- 小苏打
- 白醋
- 洗净的瓜皮
- 带边沿的托盘
- 勺子
- 食用色素

步骤

西瓜皮中加入小苏打。白醋里加入红色食用色素（或任何喜欢的颜色）。将白醋倒入西瓜皮中。快来看！西瓜火山爆发啦。

小小甜品师

难度系数 ♥♥ 参考年龄 5 岁以上

在西瓜的 1/5 处切开，或者在顶部切开一个洞，能将电动搅拌棒放进去的大小就可以，再将西瓜放在碗里固定，拿电动搅拌棒把西瓜果肉统统搅碎就可以了，就是这么简单。

将果汁舀进杯中，或者直接把西瓜当容器，用吸管喝。还可以将一部分西瓜汁倒入冰糕模具中，冷冻起来做成西瓜冰棒。

材料

- 西瓜
- 电动搅拌棒
- 吸管
- 冰糕模具

Tips 小贴士

相同手法也同样适用于哈密瓜，而且哈密瓜水分相对少，果汁更浓稠。

在闷热的夏日，一杯西瓜汁就能很好地解暑。不用一片片切开西瓜，只要拿食物搅拌器，几秒钟就能打出满满一大份西瓜汁。

Part
57
水果

清凉一夏

难度系数 ♥♥ 参考年龄 6 岁以上

材料

- 电动搅拌棒
- 西瓜
- 蜂蜜 / 柠檬水
- 冰糕模具

没有冰棒的夏天是不完整的，耗时 10 分钟，期待一整天。用食物搅拌器将西瓜捣成汁，挤入适量蜂蜜搅拌均匀，原汁原味就很完美。

剩余的西瓜汁再倒进冰糕模具或是冰格中冻好，每天放学姐妹俩都不忘吃一块解暑。

香蕉冰棒

难度系数 ♥♥♥♥　　参考年龄 **5** 岁以上

去游乐场玩的时候麦麦吃过一款香蕉冰棒，久久不能忘怀，回到家强烈要求我再做一遍。食材都是家里现成的，说做就可以做。这款“香蕉冰棒”做法简单，颜值也在线，最主要的一点是健康，糖分少，吃起来放心极了。

将香蕉切成小段，用冰棒棍插上做成冰棒的样子，再用巧克力酱、玉米麦片、小糖豆等装饰，完成后放入冰箱冷冻层 2 小时左右就成了可口的香蕉冰棒啦。

材料

- 香蕉
- 冰棒棍
- 玉米 麦片
- 烘焙装饰糖粉

Part 59
水果

西瓜洞洞

难度系数 ♥♥♥ 参考年龄 5 岁以上

洗干净的西瓜皮倒扣过来，再和手工钉搭配在一起，妥妥的就是一个天然清香无添加、锻炼手腕力量和手眼协调能力的绝佳早教工具。

第一次玩这个游戏的姐姐，当时还不到 3 岁，那时候我需要先把钉子的一小部分打进西瓜皮固定住，再由她完成砸的步骤。

材料

- 西瓜皮
- 手工钉
- 手工木槌

步骤

① 今年玩这个游戏，玩法虽然相同，但我给姐妹俩都备上了真的锤子，最兴奋的是妹妹，对她来说这可是对她成为“大孩子”的肯定。

② 我给妹妹的更宽更平，这样她操作起来也更稳当一些。

③ 砸得千疮百孔还不过瘾，把钉子一个个拔下来见缝插针继续砸！

④ 砸到后面妹妹表示西瓜皮有点儿滑，砸进去太费劲了，于是我帮她把每个钉子都砸去一点点，她只需要完成把钉子都砸进去的任务即可。开开心心自己砸，5分钟没有喊妈妈！

Part 60 水果

西瓜游乐场

难度系数 ♥♥ 参考年龄 **4** 岁以上

炎炎夏日，老爷爷发现了一个裂成两半的大西瓜，于是他把西瓜变成了游泳场，引得村里的男女老少都来玩。大家嬉戏打闹，玩滑梯跳水，特别热闹。所有的一切，都发生在一个大西瓜中。

脑洞大开，让人瞬间被可爱到的《西瓜游乐场》是我们夏天的必读绘本。随机翻开一页，一阵清凉扑面而来，色调清新，视觉上清爽，天马行空的想象力，把直白的文字衬托得童真又奔放。

材料

- 西瓜皮
- 相关绘本
- 玩具

步骤

1 西瓜切一半，瓜瓤下肚，把剩下的瓜皮洗净装上水，再把家伙什儿都搬进院子里，孩子们的西瓜游乐场也开始营业了。

2 很多的故事情节在她们的小脑袋里上演，时而搞笑时而甜蜜又时而恐怖。西瓜游乐场暂停营业，仲夏夜晚的露天舞台剧隆重登场。

3 孩子们是场地“设计师”，我是提供原料和搭建场地的“包工头”，孩子们需要什么我就在旁边哼哧哼哧切瓜皮。

4 场景由游乐场切换到了露天电影院，一人一座有秩序，后面看不到舞台的可以坐加高版的月亮船椅。是不是没想到，一个西瓜还能有这么多有趣的玩法？

5 给孩子们一个足够发挥的空间，提供意想不到的，甚至是像西瓜皮这本可以直接扔掉的媒介和素材，让他们探索、发挥想象力，哪怕搞得一团糟。

6 孩子喜欢玩的东西，不一定是买来的。我们没有限制，孩子们的想象力便没有限制。

Part

61

水果

水果奶昔

难度系数 ♥♥　参考年龄 3 岁以上

将草莓、香蕉、牛油果依次切块，加入酸奶，放入简易搅拌机，开动开关，十几秒后就能喝到营养奶昔。全家都能参与其中，享受分工合作的成就感与分享的喜悦。

材料

- 香蕉 / 牛油果 / 草莓
- 牛奶 / 水
- 塑料小刀
- 菜板
- 果汁机

Part
62
水果

会变色的苹果

难度系数 ♥♥♥♥ 参考年龄 6 岁以上

四个容器分别放四块小苹果，一个里面放水、一个放白醋、一个放白醋并且盖紧盖子、一个只放苹果其余什么也不放。几小时后苹果会有什么变化呢？一个超直观易操作的科学小实验告诉孩子答案。

材料

- 塑料水果刀
- 菜板
- 苹果
- 若干透明容器
- 白醋
- 水

Part
63
水果

橙意满满

难度系数 ♥♥ 参考年龄 5 岁以上

材料

- 橙子
- 饮用水
- 果汁机
- 小刻刀
- LED 蜡烛

姐妹俩合作，将橙子剥皮、切块，倒入果汁机加水，开动开关，十几秒后就可以喝到自己榨的橙汁，方便又健康。每一步都由两人独立操作完成，很有成就感。

在橙子皮上刻出好看的图案，放入小蜡烛，一盏小橘灯就做好了，姐妹俩看了好久，舍不得熄灭。

Part 64 水果

另类建筑师

难度系数 ♥♥♥♥ 参考年龄 5 岁以上

用提子搭配牙签或者意大利面来搭建房子，从点（一颗提子）、线（一根牙签连接两颗提子）到几何形状（三角形、正方形），最后再到更为复杂的立体图形搭建。

一个简单的游戏，通过平面几何和立体几何的搭建，让孩子们了解建筑基本构造，锻炼手指精细能力。

材料

- 提子
- 牙签
- 意大利面

Part
65
谷类

绿豆成长日记

难度系数 ♥♥♥ 参考年龄 5 岁以上

在学习“植物生长”这个主题时，我们以《妈妈，买绿豆》这本书为切入点，学着书里的步骤，去超市买菜时特地买了包绿豆，一起洗绿豆，熬绿豆汤，做绿豆冰糕，看科普视频了解绿豆生长过程，最后一起种绿豆。

材料

- 绿豆
- 透明玻璃瓶
- 彩笔
- 纸张
- 土壤

步骤

我找来一个空白本子，和姐妹俩一起做观察日记，如果不会拼写句子，不妨试试用绘画的方式来记录。记录日记的过程，就是锻炼观察力和描述能力的过程。麦麦把看到的一切画下来，用语言描述她观察到的所有细节。

第三天，绿豆开始发芽，麦麦用笔画出了新发的绿豆芽。

第四天，画中的豆芽持续在长高。

第八天，麦麦发现豆芽新开了绿叶，也在图画上体现了出来。

Tips 小贴士

在游戏扩展的部分，姐妹俩用筷子玩了夹绿豆的游戏，比赛看谁夹得多。

主角其实还是绿豆，只不过稍作改变和精细类游戏结合了一下。两岁半的妹妹看上去全程在“打酱油”，实际上跟着姐姐也玩了不少，“豆子”“圆形”“绿色”等词汇都是在活动中因为反复使用而习得的。

Part 66 麦圈

调皮的麦圈

难度系数 ♥♥　参考年龄 **5** 岁以上

材料

- 橡皮泥
- 意大利面
- 麦圈
- 托盘

很多孩子热衷于穿孔、穿线等类似的动作，穿插对于精细运动、手眼协调能力以及专注力都是很好的锻炼。

市面上有很多插孔类玩具，但我的自制版本，孩子们反而更喜欢。用橡皮泥作为底座，分别插上几根意大利面，拿一碗麦圈让孩子们套圈。还可以与数数结合，对不同颜色的麦圈进行分类，增加难度。边吃边玩好开心，从小玩到大的简易小游戏，这个必须榜上有名。

Part
67
彩虹糖

彩虹糖也疯狂

难度系数 ♥♥　参考年龄 5 岁以上

超级简单零失败的小实验，是味觉与视觉的双重体验，当然，里面还藏着妈妈我看破不说破的消耗甜食小心机。

材料

- 彩虹糖
- 盘子
- 水

步骤

将彩虹糖一颗颗摆在盘子里。让不同颜色的糖果错开摆放，这样视觉效果更好。

盘子中间倒水，可以借此做冷水与热水的对照实验，观察冷水与热水会如何改变糖豆融化的速度。

水不用太多，薄薄一层即可。彩色糖豆慢慢融化，漂亮的彩虹圆盘呈现在眼前，真是美得让人挪不动眼睛。

Part 68
葡萄干

会变身的葡萄干

难度系数 ♥♥♥ 参考年龄 5 岁以上

材料

- 葡萄干
- 水杯
- 纸笔

家里有一小盒过期了的葡萄干，没有及时吃掉已经觉得挺浪费了，我思考着如何在处理之前，用它再做些有意义的事情。于是我想到了之前在孩子们的科普读物中看到过的一个科学小实验，实验的主角正好就是葡萄干。葡萄干在水里会改变形状吗？我们一起来做实验一探究竟。

睡觉前我们将葡萄干放入容器，倒入水，将葡萄干浸没。为了更好地验证猜想，麦麦制作了实验预测对照表格。表格分为“未被水浸泡”以及“被水浸泡”两部分，她把自己的猜想用图画和文字关键词的形式记录了下来。

第二天早上起床发现，葡萄干发生了肉眼可见的变化，原本干巴巴的葡萄干被泡得又软又大。

一个超简单的实验，让孩子体验到了：提出问题——提出假设——通过实验测试假设——分析数据得出结论这几个科学实验所需要的步骤。有趣直观的实验能让孩子体会到科学的魅力。

4 | 绘本收纳 /

Book Organizing Ideas

10分钟绘本收纳快速法

绘本的摆放方式有很多，十个人有十种方法。按颜色分类？看上去好美好治愈，但是找起来麻烦收起来更费劲，只适合收纳一次就再也不会乱的成人书架。按开本大小分？不是不可以，有的书尺寸就是小，摆进书架不美观也难归置。但这类书以低幼书籍居多，孩子大了也就不太用了，放书筐里也许更合适。还有按作者、套系、装订版式、封皮软硬等来分的。但是，对我来说这些都不是最优解。

一个经得起时间考验的绘本收纳系统，要同时满足“找书时效率高”“收纳时耗时少”“能让书本阅读率大大提高”以及“看上去整齐大方”。这几年我家自用的绘本收纳系统，刚好满足了这几点，更重要的是，它的核心规则特别简单。

1 敞开式的书架

敞开式没有玻璃门的书架，是我买书架时唯一的选择。因为是开放的，随手可以拿到，比有玻璃门的书架多了一份随意和自由。经常用的东西，真的不太会有落灰的烦恼。及时用掸子轻拂灰尘，打扫起来其实很轻松。

有一次去朋友家做客，孩子面对朋友家有玻璃门的书柜试探性地问我："妈妈，我能打开吗？"因为担心孩子开关门没轻重，我还要目光追随唠叨她们关门要慢要轻。慢慢地，但凡是遇到有玻璃的橱柜书柜，孩子们都自觉地避开了。任何能增加启动成本的设置，都可能成为提高生活便利程度的障碍。其实收纳其他物品我也是相同思路，只要是能敞开的，就尽量不加盖。

2 按照书本内容分类

- 我没有按照"常看"和"不常看"来分类，今天不看的明天兴许就爱读，这阵子打入"冷宫"的过阵子就成了"独宠"，把爱读的不爱读的混放在一起，更能加大每一本都读到的概率。

我也没有按照精装或者平装来分，如果只按照书本的物理特征以及书皮的软硬来收纳，把本应该放在一起同类别的书硬生生给拆散了，无形中会增大找书的工作量。

按照年龄来分也有不太方便的地方，同一本绘本，不同年龄的孩子都能读。大孩子读低幼绘本可以练识字，小孩子看高阶科普绘本可以只是因为被插画吸引，不同年龄读同一本书都会有不同的感受。

我更没有按照绘本书脊颜色来分，因为色彩给书架带来的养眼程度，在实用性面前真的不值一提。

你发现了没？书店或者图书馆中，同类别的书一定是在一起的，你想找什么类型的书，就去哪个区域拿。超市也是这样，各种区域规划得明明白白，大葱和鸡肉绝不会混在一个货架。所以，绘本收纳，最简单的办法就是按照内容进行分类。

哪一种买得多，占的格子自然也多。买得相对少的，不至于单独占一个格子，那就和相似类型的放在一起。比如我就把情绪管理类、性格养成类、行为类、故事情节类、财商类等放在了一起，统称为“故事类”，如果还有多余的空间，则会根据实际情况，再把其中某一类单独分出来。做好了分类和定位，就好像是一个走在迷幻城市中的邮递员，一定能通过固定建筑和固定门牌号完成投递任务。

带孩子学科普知识，需要用到科普绘本了，那就去科普格子里找；要读中文了，那就去“中文自主阅读”那一格找；想了解中国新年或者节气，倒数第三行从右往左数第二个就是！迅速定位，节省时间，熟悉后闭着眼都能记住，真的不能更方便了。

你说你也按照内容分类了，但还是经常找不到书？说实话，没什么巧办法，多带着孩子读几遍，多去光顾几次书架，自然就把每本书的位置记在脑子里了。

记不得位置，说明光顾书架拿书读的次数还是不够多。

而且这样做还有一个好处，通过分类，我的购书习惯一目了然，某种类的书占据了太多的空间，那我在下一次买书的时候就控制一下，争取让书籍内容趋向于平衡。

3 成套、成系列书籍放一起

◉ 这两年我买成套书越来越多，比如科普类、数学类绘本。姐姐识字后中英文分级阅读和系列章节书也买得很多。成套书的书脊外观都很像，而且又是同类型，放在一起最合适，基本上看一眼就可以迅速归位。系列书放在一起，单从视觉上来看就很整齐。

4 小开本绘本分开收纳

◉ 很多书的尺寸比较特殊，巴掌大小的一套十几二十册，比如《奇先生妙小姐》《小小自然图书馆》这种，便于拿在小手中自己翻阅来读。这些绘本尺寸小，数量又多，和那些大尺寸绘本放在一起很不协调。

如果是二胎家庭，家里还有低幼宝宝，那类似的低幼小开本绘本更是需要单独存放。我把这些书放在了书架最下层的布筐里，看书时只需要把整个布筐都拿出来，读完时再把布筐推进书架即可。还有人把这种特别小的书放在小型收纳盒里，书脊朝上，也是不错的办法。

5 书架不够，书筐来凑

◉ 除了大书架，我还刻意在家里很多地方放了书。可以说是书实在太多了放不下了，也可以说我是故意想帮她们打造一个随手有书读的环境，或者也可以说是我想随手都可以拿到书给孩子们念着听。让家的各个角落摆着书，并且利于收纳、美观，书筐帮了大忙。

我的卧室是孩子们停留很多时间的地方之一，因为床又大又软又舒服，孩子们总赖在上面胡闹。晚上睡前在大床上给姐妹俩读书，美其名曰念故事给她们听，其实也是想赶快进行睡前最后一步。安静念故事，念完我也要早休息啦！所以我卧室的床头总有小书筐，放些睡前读物，过段时间就换一批。

客厅沙发旁也摆了好几个书筐，能快速帮助公共区域变整洁。

STEP INTO READING

Billy Goats Gruff
红气球
不见了

当我们用开放的视角去使用材料时，你会发现，橡皮泥不再只是塑形玩具，颜料不再只是通过颜料刷才能展示出效果，胶带、毛根、胶水的玩法通通都有更多可塑性，一种材料可以在很多游戏中用到。只要灵活使用，通过巧妙的变化和组合，它们就能变身成各种有趣的东西。

无论选择哪种手工材料的变身方式，只要有想象力和创造力，就可以将它们变成独一无二的作品。

Chapter 5

手工材料大变身

Part 69 橡皮泥

百变橡皮泥

难度系数 ♥♥♥　参考年龄 4 岁以上

论起开放类早教手工材料，橡皮泥和黏土一定拥有一席之地。和乐高一样，它们都属于构建类玩具，价格实惠亲民，玩法开放多样，存储方便持久（甚至可以自制），更是隐藏着感官、精细操作、塑形、语言训练等多种早教功能在其中，再搭配一些辅助手工材料，创意满满，其乐无穷。

几个巧办法，就能让孩子对橡皮泥和黏土兴趣大增，一起来试试吧！

材料

- 橡皮泥
- 黏土
- 手工纸
- 废旧硬纸壳
- 手工装饰品

步骤

有段时间姐妹俩对于和小怪兽相关的绘本、动画片以及电影特别感兴趣，所以我趁热打铁，抓住她们的兴趣窗口，将她们爱玩的橡皮泥和怪兽主题结合了一下，效果特别好。

我提前打印了几张怪兽图片，放入透明文件夹中，再提供各色橡皮泥，无需多说，两人自动进入了创作状态。

她们用橡皮泥为小怪兽添上五官，安上四肢，用溜溜眼、毛根等手工材料做辅助来丰富形象，造型百变，连我看了都直呼没想到！

Part 70 橡皮泥

橡皮泥相框

难度系数 ♥♥♥ 参考年龄 4 岁以上

在上个游戏的基础上稍微延伸，就能做出生动有趣的橡皮泥相框。

不谈技巧和目的，甚至都不用提前学什么塑形技巧，孩子们骨子里已经自带了好多玩法。

材料

- 橡皮泥
- 黏土
- 手工纸
- 废旧硬纸壳
- 手工装饰品

步骤

1 准备两块白色硬纸壳，中间挖出头部大小的椭圆形。

2 准备好各色橡皮泥，鼓励孩子们开始创作吧。

3 姐妹俩一合计，决定分别做一个彩虹花瓣主题的相框。主题定了，俩人热火朝天地开始创作。

4 将橡皮泥用辅助工具压平压扁，一片片铺成花瓣状后开始装饰。

用橡皮泥做一幅立体人物头像吧，有种另类的美。

Part 71 石粉黏土

创意黏土花瓶

难度系数 ♥♥♥♥ 参考年龄 5 岁以上

我喜欢在去海边的时候捡些贝壳，正巧家里也有好多吃酱料或者罐头后留下的玻璃瓶，再搭配上黏土，今天的创意高光时刻，非另类花瓶莫属，真是妙哉。

这个游戏中所用到的空气黏土也叫石粉黏土，纹理细密、可塑性与延展性很好，多用于雕塑，有点儿类似于陶艺土，可上色，自然风干就可以硬化，但因为风干后质地变硬，有出现裂痕的缺点。

材料

- 玻璃瓶
- 超轻黏土 / 石粉黏土
- 贝壳
- 马赛克石
- 白乳胶
- 笔刷

步骤

1 如果觉得石粉黏土不便推开，可以用超轻黏土来代替，因为黏土本身细腻柔软，所以对年龄小的孩子更友好。

2 用石粉黏土或超轻黏土将瓶子包裹成任何想要的形状与纹路，用手指耐心推开。裹得稍微多一些厚一些，便于之后放装饰品。

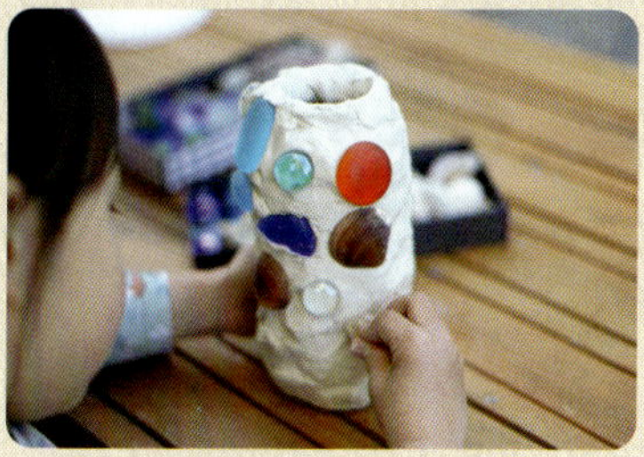

3 将喜欢的贝壳、石头，手工专用宝石、珍珠，甚至是不再使用但不舍得丢弃的耳环、发卡、胸针、吊坠等材料随意按压到黏土里进行装饰，尽量将装饰按得深一些结实一些，或者刷上一层白色手工乳胶，以防风干后脱落。

4 如果想要塑造表面的粗糙感与颗粒感，还可以将丙烯颜料和石英砂混合搅拌好，涂抹在瓶子表面。

成品出来的那一刻，是心动的感觉！做花瓶插上花，做笔筒摆在桌前，做装饰放在展示柜中，怎么看都好看。

Part 72 超轻黏土

白雪公主

难度系数 ♥♥♥♥ 参考年龄 5 岁以上

在网上看到有人用超轻黏土和玻璃瓶做出了惟妙惟肖的白雪公主，不禁感叹大家好有才华。家里正好有所需材料，心动不如行动，我们也来试一试！

材料

- 玻璃瓶
- 超轻黏土
- 热熔胶枪

步骤

1 将两个玻璃瓶摞在一起，用热熔胶枪固定。下面的杯子为躯干部分，上面的为头部。

2 用粉色或白色超轻黏土将上半部瓶子全部包裹起来，用手指耐心推开直至平滑。每次捏超轻黏土都有一种非常治愈的感觉，它超柔、超干净、不黏手，也不留残渣，质地很轻盈，光是把玩在手中就已经很解压了。

3 接着用同样的手法，用蓝色黏土包裹住下半部分的瓶子，用黑色黏土黏出公主黑发。

4 最后捏出五官以及面部其他细节。

废旧玻璃瓶在超轻黏土的装饰下，摇身一变成了白雪公主，虽然成品中很多细节不是特别完美，但整个过程特别治愈。

瑜伽大比拼

难度系数 ♥♥♥　参考年龄 4 岁以上

孩子们身体柔韧性强，是天生的瑜伽高手。我上网找来了一套适合孩子年龄以及难易程度的瑜伽动作，将其打印下来制作成了独立卡片。

材料

- 瑜伽动作卡片

步骤

瑜伽是很好的亲子互动游戏，每次姐姐学着卡片做，妹妹就不自觉学着姐姐做，两人努力但稚嫩的动作总让人忍俊不禁。慢慢地，还琢磨出了很多有趣的互动玩法。

玩法一：一个人负责抽取卡片，另一个人负责做动作，由抽卡片的人决定动作是否合格。

玩法二：自己抽卡片做动作，然后另一个人通过动作来猜测相对应的卡片名称。

玩法三：抽取卡片，俩人一起面对面做动作，看谁坚持得久，看谁坚持不笑场。

几张普通的纸变身一套瑜伽卡片，不仅省了钱，还获得了无数欢笑声，既能安抚情绪，又能增加运动量，值！

Part 74 颜料

字母描红

难度系数 ♥♥　参考年龄 4 岁以上

材料

- 棉签
- 颜料
- 彩笔
- 绘画纸

在纸上用笔画出每个字母的轮廓，准备颜料和棉签，邀请孩子来涂色，用这个和绘画相结合的办法，可以帮助孩子更好地记忆字形和笔画顺序，棉签和彩笔用起来手感不一样，孩子涂色时也会更有兴趣。

电线杆上的小鸟

难度系数 ♥♥♥♥　参考年龄 6 岁以上

材料

- 白色绘画纸
- 油笔 / 水彩笔
- 颜料

用手指代替绘画工具本身就是一件充满想象力的事情，蘸取颜料直接创作，感受颜料的质地，和颜料来一次亲密接触。

用笔画出电线杆，然后用手指将颜料点在纸上。

用手指点出的“小鸟”五颜六色，随意画出的细节反而更显生动可爱，错落随意的线条更是使整个画面充满童趣。再自由发挥，为“小鸟”画出细节，一幅惟妙惟肖的手指颜料创意画就完成了。

Part 76 颜料

另类对称画

难度系数 ♥♥　参考年龄 4 岁以上

材料

- 颜料
- 溜溜眼
- 白色绘画纸

对称画是我家出现频率极高的手工之一，它材料简单、操作容易，又极易出效果，准备和收拾也都不费事。一个简单的游戏，既是美术启蒙，也是数学启蒙。

找来一张白色绘画纸，对折，将橙色和黑色颜料挤在其中半边纸上，然后把纸合起来，轻轻地、均匀地按压，展开后就出现了大黑嘴巴南瓜怪，姐姐一连贴了一排溜溜眼。

Part
77
颜料

每逢新年，我们都会用胶带画制作海报，用简单有趣的形式迎接新年的到来。我提前用纸胶带贴出下一年的年份，姐妹俩根据喜好用海绵蘸取颜料，将空白处填满颜色。

两人齐上阵，手肘交错互相碰撞间谁也不让谁。这个游戏特别适合不按套路，但又想要尝试玩颜料的娃，自由发挥不受限制，搞乱弄脏也不怕。

胶带撕下以后就出现了“Hello 2020”的字样，没有涂色的部分在周围彩色的衬托下显得更加突出了。

新年胶带画

难度系数 ♥♥　参考年龄 4 岁以上

材料

- 纸胶带
- 颜料
- 笔刷 / 海绵

Tips 小贴士

纸胶带的黏性没有普通胶带大，所以撕下来也不会撕破纸张。

Part 78 彩笔

七彩冰激凌

难度系数 ♥♥♥　参考年龄 4 岁以上

材料

纸

彩色点点笔

自己精挑细选买给孩子的玩具，孩子摸几下就扔到角落吃灰了，反而对一些路边捡的小石头、树叶、废旧的瓶瓶罐罐爱不释手，还能玩出各种花样来。学习教具有时候也会有此遭遇。

所以现在无论是买玩具还是教具，犹豫是否要下单的时候，我都会再多问自己几句：家里有重复的教具了吗？有没有可替代品？

比如这个给上学前班的妹妹准备的颜色归类以及找规律的教具，完全自制，简单有趣。

在纸上画好冰激凌筒以及冰激凌球，孩子根据冰激凌球的颜色对规律进行探索，这样学习，好看又好玩。

Part 79 插花泥

创意小城镇

难度系数 ♥♥　参考年龄 5 岁以上

最近让孩子们玩得投入的，是我突发奇想随手设计的一个游戏，用的是插花时剩下的块状花卉泡沫，以及手工中常用的毛根、串珠，东西虽小，孩子们却用它们建造了一座属于自己的小城镇，效果出奇得棒。

孩子对于手工或者艺术作品的要求和成人很不一样。我们也许在乎的是最终呈现的艺术效果，而孩子更在意的是创作的过程。这个过程足够带给他们感官上的满足。为什么这么说呢，这个游戏例子就是很好的说明。

材料

- 块状花卉泡沫
- 毛根
- 吸管
- 手工串珠
- 其余手工材料

步骤

使用块状花卉泡沫作为基础，将毛根扭转。

姐妹俩的风格很不一样，姐姐热衷于拱形建筑，妹妹专注于穿插串珠不断地进行叠加，各有各的特点。看上去很抽象，不是平常意义上的房屋，也没有既定意义上的城镇街道，但却有属于自己的故事情节在其中。

Part 80 史莱姆

解压神器史莱姆

难度系数 ♥♥♥♥ 参考年龄 5 岁以上

在英文中，Slime（史莱姆）是指烂泥状、黏液状的物体。史莱姆其实由来已久，近些年突然又变得流行起来，不知不觉成为成年人的解压神器，以及孩子的另类感官玩具。

这种黏糊糊的物体令很多人抓狂，但对于很多孩子却格外有吸引力。不得不说它确实给孩子带来了很特别的感官体验，不仅如此，这种感官体验还能激发他们的好奇心和创造力，帮助孩子集中注意力，促进精细运动的发展，甚至还有镇定心情的神奇效果。

市面上出售的水晶泥史莱姆大多含有一种叫“硼砂”的化学物质。“硼砂”能起到固化的作用，但是有毒性，如果误食，可能会引起严重的后果。来试试我的自制版本吧，无毒省钱还方便，让孩子们玩到不能自拔。

材料

- 小苏打粉
- 隐形眼镜护理液
- 勺子
- 食用色素
- 亮粉

步骤

1. 将胶水倒入碗中或者托盘之类的容器中，用环保无毒可水洗的透明或者乳白色手工专用胶水都可以。

2. 根据喜好滴入食用色素，用勺子混合均匀。

3. 加入适量小苏打粉增加柔软度，一小撮或一小勺即可。

4. 加入隐形眼镜护理液让胶水固体化，一点一点地加。一开始会很黏手，但别着急，之后还有很重要的一步。接下来就是不停地搅拌，搅拌到觉得碗中的胶水变得开始有阻力，离成功也就不远了。

5. 搅到满意的程度就可以上手去揉了，就像揉面团那样使劲地揉搓。姐姐和妹妹喜欢的质地不一样，姐姐更倾向硬一些，像橡皮泥那样更有韧劲的，所以过程中她加了好几次隐形眼镜护理液，揉起来也是很投入。

6

妹妹的风格，看图就知道了，她不仅希望越黏越好，还要加很多很多的亮粉。本身她也有点儿犯懒，不愿意过多揉搓，造就了一盘肉眼可见的超级黏稠的史莱姆。看得我倒吸了好几口凉气，给她拍完一张照片后就自动退后好几步。

7

一对比就能看出姐姐那一盘的状况好很多吧，她手劲儿更大，揉搓频率也更频繁一些，比妹妹那一堆史莱姆更有韧劲。

8

姐妹俩拿出动物玩具，在史莱姆上印脚印。

9

别看姐姐都 7 岁了，玩起假装游戏还是全情投入。她最喜欢的玩法，就是把动物玩偶和史莱姆搭配在一起，想象动物们深陷沼泽，自己奋不顾身地去营救。

Tips 小贴士

很多自制史莱姆配方中提到要加硼砂，事实上直接买硼酸和硼砂粉去稀释，是会有安全隐患的。尤其如果买到质量不达标的产品，接触甚至误食的话是很危险的。安全起见，使用隐形眼镜护理液更加保险。隐形眼镜护理液可以直接浸泡镜片，里面的硼酸成分早已被完全稀释过，安全很多。但即便是这样，也不能给口欲期的小宝宝玩哦。

| 特集 |

5 | 购物清单 /

IKEA Education Supplies Shopping List

超全的宜家早教材料购物清单

No | 01

颜料

宜家的颜料别看都小小的一个，但是还真挺耐用的，颜色的饱和度也很不错，用于日常绘画完全不输其他牌子。

这盒水彩颜料我也买了，当初买来是看中了它自带的盒子和笔刷，盒子不小，可以存放下很多支笔，自成了一个收纳盒。但缺点就是颜色比较寡淡，并没有看上去那么鲜亮，而且画几下颜色就没了，玩得不太尽兴。比较适合已有一些绘画基础，可以用水彩描画精致细节的大孩子甚至成人。

No | 02

笔刷

不到 3 美元的笔刷可以说是非常实惠了，笔刷柔软还不掉毛，还搭配了不同粗细，无论是大面积刷画还是精细的勾勒都可以，对于要求不高的孩子来说足够用了。

No | 03

柠檬挤压器

柠檬汁富含丰富的维生素，我经常用它来泡水喝，做饭时去腥调味也经常用到。每次麦麦看到我在用力挤柠檬汁，就跃跃欲试，于是我把挤柠檬汁的工作就交给了她。

徒手挤挤不出来什么，还弄得满手都是，我就从宜家买了挤柠檬器，她照着我的样子把柠檬按在工具上，学习用力旋转手腕，挤压柠檬，挤完后端起碗直接一饮而尽，这个小孩还真是不怕酸。

No | 04

冰棒模具

夏天这套冰棒模具利用率很高，隔一段时间我们就拿出来自己做冰棒吃。我提供材料，麦麦负责自由搭配，加一些果汁、牛奶、冰糖或者蜂蜜这些天然的原料，又健康又好吃，是想吃冰棒又能带来亲密亲子时光的不错选择，价格也很美丽。

硅胶冰格也很不错，可以制成不同形状的冰块做感官游戏。

No | 05

托盘

宜家的大托盘在我家的利用率也很高，对于准备游戏材料或是进行容易造成混乱的游戏来说非常实用。

No | 06

厨房玩具

因为房间空间有限，我没有买宜家的小厨房，但是买了不少仿真厨房玩具，锅碗瓢盆一应俱全。

麦麦化身小小厨师，为每一个绒毛玩偶做面条，贴心地询问它们“要吃什么，吃多少”。厨房假象游戏还可以潜移默化教会孩子各种食材和厨具名称，做饭步骤切菜正确姿势，以及就餐礼仪等，是非常好的生活技能启蒙。

No | 07

塑料收纳盒

以前我们做过一个“熔岩灯”的小实验，为了更好地观察瓶内泡泡产生的细节，我在宜家透明塑料箱里面装上几串圣诞小灯，做了一个低配版简易灯箱，实验开始以后关上室内其余的灯，利用灯箱的光源，每一个沸腾的泡泡仿佛变得更加晶莹透亮了，效果很不错。

No | 08

沙漏

刷牙不配合，那就边看沙漏边刷，沙漏漏完了就算是刷好了；看小猪佩琦看得入迷不想关电脑，那就再看一个沙漏漏下的时间吧，有了心理准备，关电脑时也心甘情愿了；乱发脾气把食物扔在了地上，那就先不吃了，坐在那边安静等待一个沙漏漏完的时间，然后再和妈妈来谈谈。哈，买来这个小沙漏原本是做家居装饰品的，却不承想成了我们时间管理和安抚情绪的小工具。

No | 09

喷壶和浇水壶

宜家的喷壶便宜又好用，连小孩子都可以轻松掌握。最近又出了一款浇水壶，颜值也过关，水从长长的壶嘴缓慢流出，解决了其他浇水壶水流过大、过猛的问题，特别适合给小孩子使用，从此浇花这件事，也可以放手了。

No | 10

礼品包装纸

宜家很多花色简约、性价比高的包装纸，而且每年都会出新花色，用来包礼物再合适不过了。

No | 11

读书区的大书架 & 收纳框 & 小坐垫

我们家没有专门的书房，再加上很多综合原因，书架和绘本也没有放到相对安静可以提高专注力的卧室。我把这个非常重要的部分放在了客厅靠窗的一个角落。宜家这款书架非常牢固，它是一列列分开卖的，我一共买了四个竖列，总共七横排、28 个方格子，勉强可以满足我们全家人图书的摆放。如果你家里的房顶足够高，可以选择买额外的同款格子不断往上累加。每一列书架都需要按照指示牢牢钉在墙上，避免安全隐患。

我还买了四个宜家的椅子垫，两两摞在一起，再加上两个靠背垫，读书角的小沙发就做好了，坐在上面读书，很是惬意，儿童沙发也省了。

书架最下面的三排全是姐妹俩的绘本，这个高度正好与麦麦身高相平行，她站着可以轻而易举地拿到任何她想看的书。最下面一层是四个布筐，里面放着两类书，一类是麦麦的书，但是尺寸太小，没办法摆进书架中；另一类是麦麦已经不再看的低幼（0～1岁）的书，这些书都完好无损地留给了妹妹。

布筐是软布的材质，不怕孩子在拉扯的过程中会损坏，而且软材质的筐子可伸缩性也比较大，相比普通硬质地的筐子能装更多的书，样子也不显得死板。

No | 12

书桌

我们用过的两款书桌都是在宜家买的，优点是性价比高，稳定性不错，桌面材质好清洁，高度适合 1 岁半以上的宝宝。缺点就是尺寸还是小了些，我以为能用到 3 岁，但事实上 2 岁开始，孩子绘画手工阵仗大了很多，明显不够用了。

No | 13

玩具收纳柜

孩子的东西都是以花花绿绿的色彩为主，为了让房间整体不会显得过于凌乱，我根从宜家搭配了三个白色的收纳柜。

我不喜欢一成不变，而且家具的布置和风格也需要根据孩子的年龄、喜好、身高随时做出改变，所以我没有花大价钱买昂贵的家具一步到位。宜家的东西胜在性价比比较高，如果以后我或者麦麦哈哈姐妹俩突然变了喜好，想要重新布置房间家具的色调或者风格，把家具都换掉也不会因为太贵而觉得肉疼。

中间的收纳柜两边我搭配了两个敞开式四格柜子，我把玩具按功能性分类，把属于这一大类的放在一起，定期更换主题。

No | 14

隔板插件

这款用于厨房的隔板插件很好地利用了上层的空间，我买了好几个放在了厨房柜子里，用在游戏房材料收纳上也同样有效，有限的空间能放更多的东西。

No | 15

文件盒

右边的文件盒我用来收纳绘画及手工作品，以及一些互动书，比如贴纸书、涂色书、迷宫书等。每次这个文件盒出现爆满的状态，就是在提醒我是时候该处理一批之前的手工作品了。

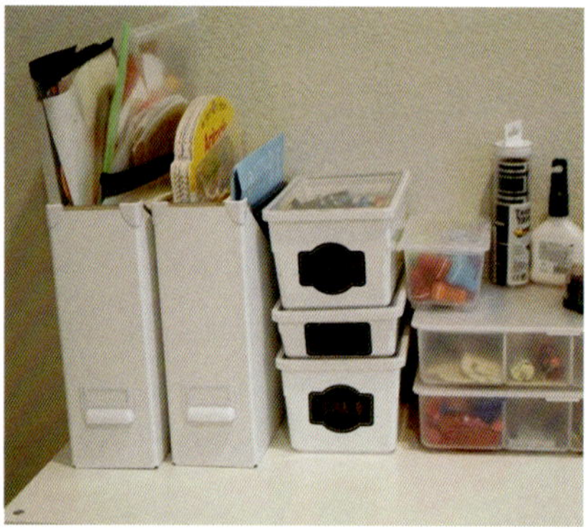

图书在版编目（C I P）数据

好玩具不一定是买的：80 个家庭创意自制手工游戏 / 李杏著 .
—北京：中国工人出版社，2021.12
ISBN 978-7-5008-7609-0

Ⅰ. ①好… Ⅱ. ①李… Ⅲ. ①幼儿园－自制玩具 . ① G614

中国版本图书馆 CIP 数据核字（2021）第 234791 号

Fun toys don't have to be bought
好玩具
不一定是买的
80 个家庭创意自制手工游戏

出 版 人　董　宽
责任编辑　李思妍
责任校对　张　彦
责任印制　栾征宇
出版发行　中国工人出版社
地　　址　北京市东城区鼓楼外大街 45 号　邮编：100120
网　　址　http://www.wp-china.com
电　　话　（010）62005043（总编室）
　　　　　（010）62005039（印制管理中心）
　　　　　（010）82027810（职工教育分社）
发行热线　（010）82029051　62383056
经　　销　各地书店
印　　刷　北京市密东印刷有限公司
开　　本　710 毫米 ×1000 毫米　1/16
印　　张　11.75
字　　数　140 千字
版　　次　2023 年 5 月第 1 版　2023 年 5 月第 1 次印刷
定　　价　68.00 元

本书如有破损、缺页、装订错误，请与本社印制管理中心联系更换